わたしの会津古寺巡礼

改訂新版

笹川壽夫

歴史春秋社

会津の寺々への誘い

田畑裕子という娘さんから便りをもらった。東京の博物館で開催されている仏像展で、会津の勝常寺の「薬師三尊」を拝見して「お薬師さんのお姿を拝顔して涙がこぼれて困りました」という感想をいささかの興奮を交えた便りだった。

江戸の俳諧師、向井去来が「岩鼻やここにもひとり月の客」の句のように、愚者も「み仏やここにもひとり寺の客」とでも詠んでみたい心境だった。会津の寺に親しんで、はや、六十年ほどになる。そこからいろいろなことを学ばせてもらった。それは、作家連城三紀彦氏が無住の古寺、法用寺（会津美里町）を訪れた印象記に惹きつけられたからだった。

雑草が茂り、池もくすみ、山門を入ってすぐのお堂は老いさらばえ、勿体ないほど立派な、会津唯一と言われる三重塔も高さを支える力が尽きて崩れるのを待つようにすら見える。昼日中見ていても暮色を感じさせるだろう。しかし、今までのどの寺よりも旅情を呼び起こす。

（雑誌『旅』一九八八年「会津古寺参拝」）

この文章を読んで拙者の「会津の古寺巡礼」が始まった。内から自然と湧きあがる情念を大事にしたいとの思いだった。そこから、会津の寺や文化へと興味関心が広まっていった。

会津には奈良、京都のように大規模で、多くの参拝者が押し寄せる有名な寺はない。しかし、その地方独自の特性を色濃く残しているところが多い。静寂な林に包まれ、会津の素朴な風土に培われた親しみやすい寺々がここかしこに点在しているのだ。

一方、会津は戊辰戦争の悲しみに満ちた歴史の傷跡をあちこちに残している。だから今は亡き人たちが語りかけてくる姿を夢見る所でもある。そしてその跡を実際に感じるのは、これらの寺々を訪れる時だった。また、有名な寺でも漠然と見逃がしてしまった寺でも時が経つに連れて再訪すると、新しい発見をすることもある。寺の住持の何気ない言動に「ハッ」として心に響くこともある。外観に惹かれて終わりということではなく、何か「オヤッ」と感じることができればしめたものである。そんな思いで今日も寺めぐりを行っている。

×　×　×　×　×

最近、「仏都会津」という声があちこちから聞かれるようになった。この言葉に惹かれる人も多いと思うが、引っかかるところがある。それは果たして会津は「仏の都」なのかという疑念である。確かに奈良や京都は、歴史上でも「都」に違いないし、華やかさに覆われている。しかし、会津は都から離れているため、「仏の都」と呼んでもよいだろうか。会津の仏教史を紐解いても都のように華麗さを発信したり、受信したりするところではない。観光的に人を呼ぶためには耳障りがよいだろうが、会津のみ仏はそんな派手やかな表舞台に積極的に出て行かれるみ仏ではないだろう。

そもそも「仏都」という語は多く出てくるが、辞書には掲載されていない。

拙者は素朴で鄙《ひな》びやかな寺々の雰囲気とみ仏の親しみあるお姿を愛でたいのである。だから、「鄙《ひな》びな会津」とか、「鄙仏《ひぶつ》の会津」とでも言いたいくらいである。会津の寺にはロケーションのすぐれた良さと、侘びしい魅力に満ちた寺々が沢山ある。

しかし、由緒あるお寺も変化してきている。本殿の中も座布団ではなく、簡易椅子が並べられるようになって、昔の鄙びた面影が年とともに消え去ろうとしている。そんな時にゆったりと会津の歴史を噛みしめながら寺々を歩んでみた。

会津仏教の黎明

会津の仏教は会津坂下町の「高寺伝説」に始まるという。しかし、それを裏付ける資料は出てこないため、会津以外の学者からは完全に無視されている。もっとも確たる証拠となるような資料は一つもなく、いずれも「或記、古書、伝に曰く」というあいまいさで言い伝えられたに過ぎない。しかし、会津の仏教伝来については、この高寺伝説抜きには語れないだろう。

会津に仏教が伝わったのは、欽明天皇元年（五四〇）、中国の梁という国の僧「青巌」が高寺山に庵を結んだ時だという。高寺山とは、会津坂下町の西方にある標高四〇一メートルの山で、会津盆地が一望できるところである。高いところにある寺だから「高寺」と呼んだという。

日本に仏教が伝わったのは、欽明天皇十三年（五五二）と『日本書紀』にあることから、会津に仏教が伝来したのは我が国に正式に仏教が伝来したよりも以前ということになる。この頃民間のルートで入ってきた渡来僧の伝承が九州を始めいくつかあるが、僧の名が伝来されている所はないようだ。

「高寺伝説」を基に『新編会津風土記』の「河沼郡窪村」の古蹟の項には、

此の辺は昔高寺ありしといひ傳ふ。高寺は欽明天皇元年草創せしと云、其時は佛教未東漸せざ

る以前なれば如何なるもの丶開基せるにか詳ならず、

とある。しかし、ここには「青巌」の名は出ていない。この高寺は宝亀六年（七七五）に兵火で滅びるまで約二三〇年間も続いたという。その間、茅舎が多く建てられ三千余宇にも及んだという。

ただ不思議なことにこの高寺が、誰によって、どのように滅ぼされたかについてははっきりしていない。どうも知られたくない事情があったのではないかといわれている。このように謎を含んだ「高寺伝説」が会津仏教の創始を示している。その後を継承したのが、金塔山恵隆寺であるという。

さて一方、会津の観音信仰の拠点となったのは、会津美里町の法用寺だ。縁起によると、養老四年（七二〇）、播磨の徳道上人が仏像を造る願いを起こし、この地を選んで建立したという。最初は今の地より山の上にあったという。徳道上人がやって来たかどうかはわからない。徳道に縁ある僧がやって来て、十一面観音信仰の中心となっていたことは推測される。

会津の仏教文化は、徳一時代になってようやくはっきりしてくる。ただ、法相宗の学僧がこの会津にやって来た理由についてははっきりしていない。なぜ会津の地を選んできたのかもわからない。しかし、徳一はおそらく縁ある弟子や仏師などを連れて来たことに相違ない。ここに会津の仏教文化が花開くのである。

特にこの徳一は、天台宗の最澄、真言宗の空海との論争で有名となる。特に、平安時代の初期に最澄との間で行われた仏教宗論「三一権実論争」が有名である。このことについて簡単に触れておく。

最澄は、仏の教えは「声聞・縁覚・菩薩」の三乗あるが、三乗は大衆を導くための「方便」であって、真実は一つであると説く。それに対して法相宗の徳一は、三乗を区別して存在することが真実で、一乗のみと説くのは「方便」であると説く。その論争は、徳一側からの資料がないので、論争相手の最澄の残した資料から理解するしかない。

徳一が開いた寺は勝常寺や仁王寺《にんのうじ》など三〇ヶ寺ほどあるというが、はっきりしていない。徳一以後の恵日寺は平泉に対抗してほぼ全会津を寺領とする。越後の城氏と組んで勢力を誇っていたが、治承・寿永の乱が起きると木曽義仲と戦って敗れ、二〇〇年続いた恵日寺の栄華は衰退してしまった。

会津の寺々の進展

葦名時代は四〇〇年続いたが、この時代に寺院が数多く建立された。天正十七年（一五八九）まで三二八ヶ寺と圧倒的に多い。これには、

一、中世には多くの新仏教が誕生し庶民の仏教信仰が盛んになり、暮らしの中に仏教が沁み渡ったときである。

一、豪族や有力家臣たちが信仰を通して一族郎党をまとめ、領民を統率する役割を果たした。

などが挙げられよう。

また、葦名の家臣たちは舘に寺を建てたり、既成の寺院に寄進という形で保護し、各地に菩提寺として在地的権威を誇示しようとしている。栗村弾正と定林寺（会津坂下町）、生江主膳と浄泉寺（会津坂下町青津）、長沼氏と徳昌寺（南会津町田島）、河原田氏と照国寺（南会津町古町）によく現れている。

江戸時代になると、藩祖保科正之の「お供寺」と呼ばれて山形から一〇ヶ寺が移転して来る。正之が神道と儒教を信仰していたため、いかがわしい僧侶を排斥して新しい寺院の建立を許さなかった。庶民は集落全体が寺の檀家となって集団性を持つものだった。だから宗派を変える時も村全体で変えていた。

会津には葦名時代に活躍した名僧が四人いる。孤峰覚明は曹洞の教えを受けて中国から帰国し、権力に屈することなく南朝の後醍醐天皇の信頼を受けて三光国師の勅号を賜っている。日什《にちじゅう》は顕本法華宗を打ち立てる。さらに、岌州《ぎゅうしゅう》は会津坂下町青津の葦名の重臣生江大輔の子として生まれ、京の浄土宗の知恩寺の三〇世貫主となる。家康・秀忠・家光の徳川三代に影響を与え、寛永寺を開基した天海は会津美里町の高田に生まれている。

会津の霊場巡礼

会津の霊場巡礼は、湯殿山、飯豊山の参詣と会津三十三観音巡礼が行われていた。江戸時代には、出羽の湯殿山参拝が村々でよく行われていたが、近代になると行われなくなってしまった。飯豊山参拝は、戦後のある時期まで在郷では青年になると各村では年長者の指導によって行われていた。そのためにお籠りなどもやっていた。今でも参加者の名を記したものが村の神社やお寺に貼られている。

霊場参詣には、柳津の虚空蔵さまへ「十三講詣り」が必ず行われていた。小学校では六年生になると必ず柳津虚空蔵さまへ遠足するというしきたりにもなっていた。

三十三観音巡礼には、老男女の参詣が行われていたが、近代になると、村々では同じ年頃のお嫁さんたちが講を組んで巡るようになった。昔のように納札を納めることはなくなったが、参詣者の氏名を書いた紙を堂に貼って参詣していた。戦後は集団でタクシーに乗って参拝するようになったため日数が短縮され、合理的な参詣となった。同道した者たちは、「三十三参り仲間」として死ぬまで付き合うことになっていたが、現在ではその風習もなくなりつつあるようだ。

古くから西国では三十三か所の観音巡礼が行われていた。諸国でも西国三十三所にならって各地で三十三観音札所を決めて巡礼が盛んになり、会津でも三十三観音札所が定められた。

寛永二十年（一六四三）に保科正之が会津に封ぜられた後に決められたというが、その経緯についてははっきりしない。最も有力なのは、「西国三十三所観音巡りなどで他所に出かける者が多くなり、多額の金が流れるのを防ぐために、正之が僧侶などと計って会津三十三観音札所を定めた」のだという。

また、遠隔地への参詣は会津領内の社寺への冒瀆であるという風習から、伊勢参宮・熊野詣・会津三十三所観音霊場などを設けたという言い伝えもあるが、そのことが記してある資料はない。

ただ、『家世實紀』の享保元年（一七一六）二月四日の項に、町、在郷の者ども伊勢参宮など他領に大勢出て金銀使うことは宜しくないといって、他領参詣を制限していることから推量したのだろう。
また、寛文五年（一六六五）の高田組郷村『萬改帳』には会津三十三順礼札所とはっきり記されていることから寛文五年には会津三十三所札所の観音堂が定まっていることは確かであろう。いつどのように決められたかについては、はっきりわからず、熊野詣や伊勢参宮などの参詣も承応元年（一六五二）には禁じられている。したがって、正之が会津入城してから設定したことはある程度推測されよう。
後からの理由づけかもしれないが、次のようにその霊場選定については伝承されている。
大沼郡―「十善戒」を象って
左下・相川・高倉・関山・領家・冨岡・大岩・高田・雀林・中田
河沼郡―「五智の如来」を名付けて
勝常・束原・御池・青津・塔寺
耶麻郡―「九品浄土」を意味して
大木・松野・綾金・高吉・熱塩・勝・熊倉・竹屋・遠田
会津郡西部―「浄池」……身・口・意の三業を払うため
下荒井・田村山・舘之内
会津郡東北部―「六道教化」として
滝沢・御山・石塚・高瀬・平沢・中ノ明
なお、その順番の付け方についてもはっきりしない。ただ、参詣の順序は順礼の順番通りには必ずしも巡ってはいない。各地に残る江戸中期の『会津三十三所順礼記』などを読んでみても、順番通りには巡っていないようである。

さらに、「御蔵入三十三観音」「猪苗代三十三観音」「若松城下三十三観音」なども設定されて、これらの霊場巡礼が盛んになる。

また「城下観音巡礼札所」の順番については、くじ引きで決めたという。

宝永四年（一七〇七）四月二十一日に出発して五月朔日に帰ってきた会津高田組八木沢村の肝煎、国分丈助の記した『会津三十三所順礼記』を読むと、だいたい一〇日ほどかけて順礼している。歳も老年の者が多く、十二人ほどの参加者で、奴婢に荷物を担がせている。

さらに、時代が下がるにつれ、女性たちの参詣が目立ってくる。だいたい農繁期を避け、夏の暑い頃に出かけることが多い。なお、会津の寺々には巡礼の絵が奉納されている。

巡礼の支度（喜多方史談会『会津三十三霊所御詠歌集』による）

一、菅　笠

同行〇人とある「何人」は一人の時は二人、二人の時は三人と書く。

観音菩薩の御手に縋って巡礼する意味合から、常に観音さまと同行しつつある信心を発露したものである。

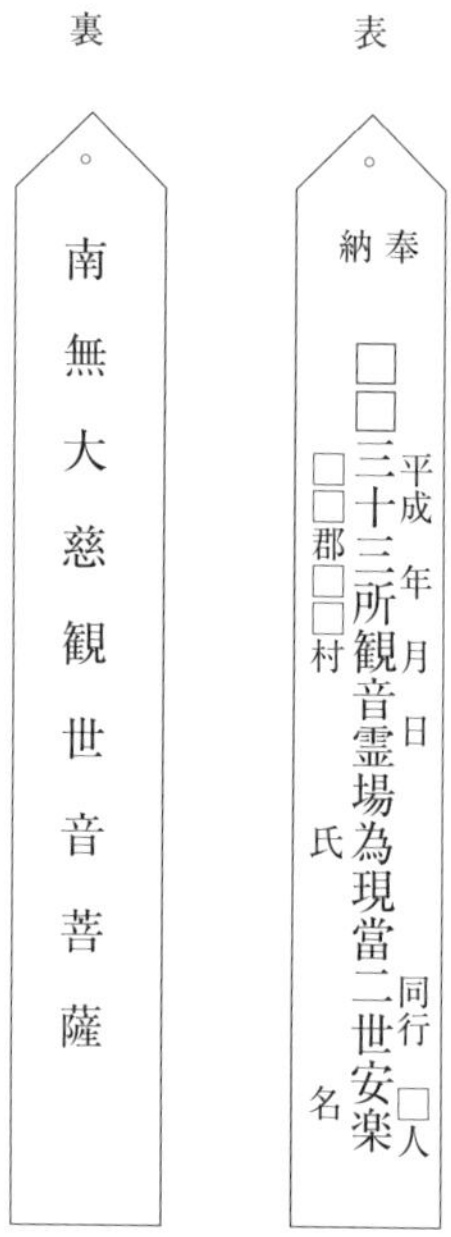

何郡何村何某の文字は笠の裏に記す。

二、納　札（打札）

昔は幅一寸、丈五寸位の納札の穴に紐を通し、これを首にかけて巡拝し、霊場毎に一札ずつ打付けて廻った。

霊場を札所と言い、参詣した数を何か所打ったと言い、巡拝の終わったことを打ち納めたと言う如きはこれに基づく。

今はもっぱら紙の納札を貼るようになった。右札の為現当……とあるのは「為仏恩報謝」とか「為心願成就」とか「為○○過福果菩薩」とか巡礼発願の趣旨を記すのである。

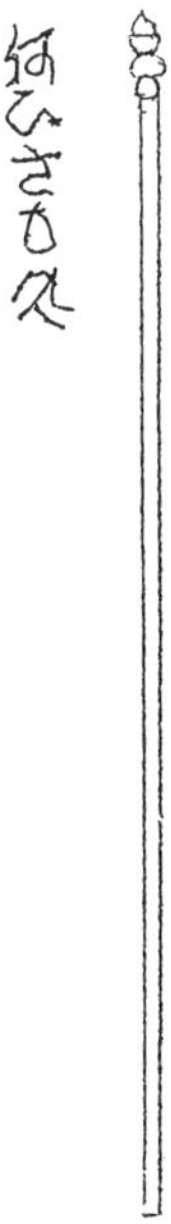

三、金剛杖

金剛杖と称えるは、執金剛神、即ち仁王様の金剛杖に象ったからである。上部を五輪にし塔婆の如く梵字を書き込む。

四、笈《おい》摺《ずる》

笈摺の作り方は肩幅は鯨一尺五寸より七寸位、身丈は二尺から二尺四寸位、三分宛の縫代が入るから、肩幅一尺七寸とすると中央を四寸五分幅、左右を七寸幅に裁ち、三幅仕立とする。両親ある者は左右を赤とし、中を白とする。片親ある者は左右を白とし、中を赤とする。両親なき者は悉く白とする。

たとえ四重五逆の罪人、汚穢不浄の男女でも、巡拝するものは末世末代まで同行である。一度は父のため、一度は母のため、一度は自身のため三度巡礼せよ。影身に添えて守護し、悪事災難は我代わって受け、貧者には福を授け、病者には薬を与え、短命の者には寿命を授けると仰せられる観音大士の御心に限りなき救を

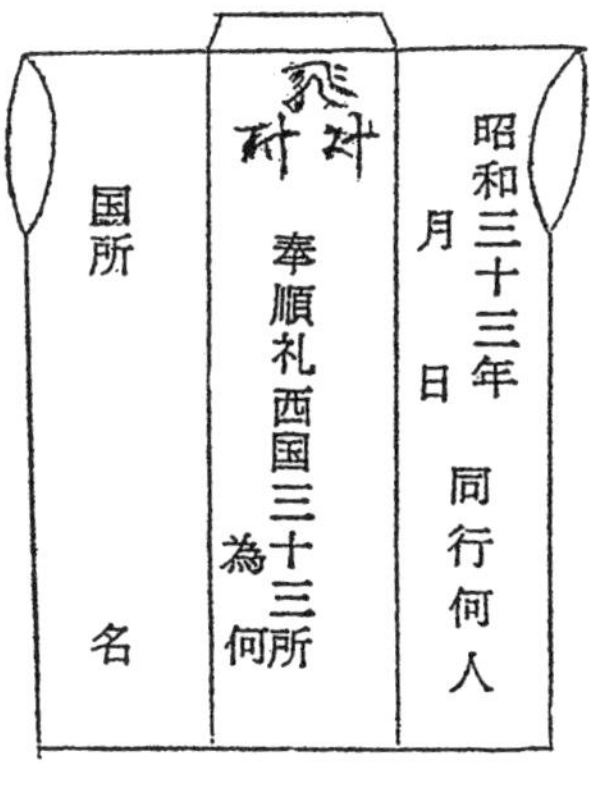

求めて至心に巡拝されんことを希うと共に、巡拝をお弘め下さった花山、後白河の二帝を始め奉り、徳道上人その他の先徳先哲に感謝の誠をささげ白手甲に白脚絆、白衣姿のつつましい影が、山紫水明の会津の里の林を抜け野を過り、金剛杖に調子をとりつつ御詠歌に合せて急ぐともなく急がぬともなく、一歩一歩進んで行く態を瞼に浮べ、順礼盛んなれと祈りつつも、はやその姿の見られなくなった現代としては嘗て是等敬虔の人々を慰めもし、励ましもした札所霊場に尽きることなき思慕を感じ、彼等が信じて疑わなかった縁起伝説の上に絶えるともない憧憬を覚えさせられるではないか。

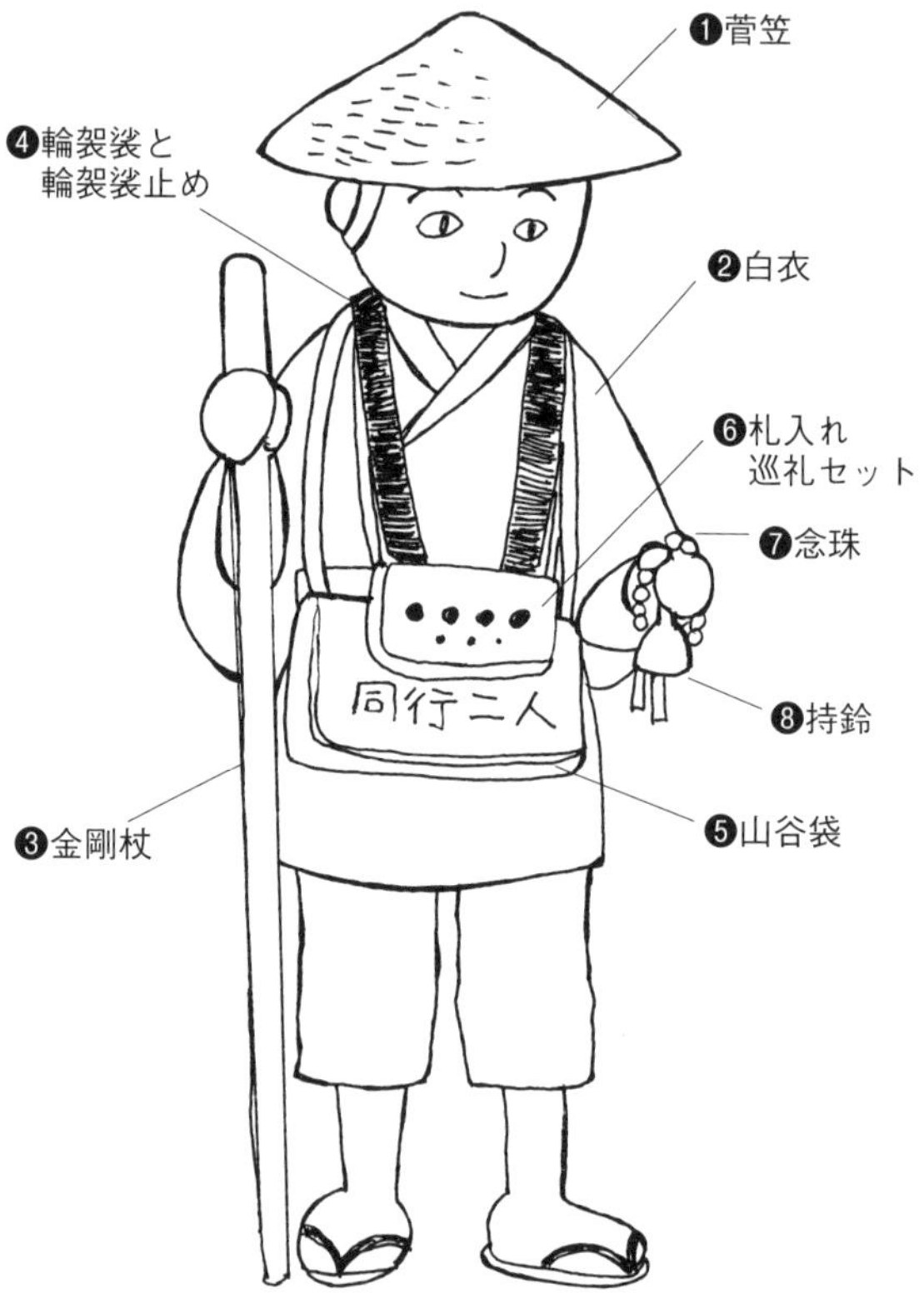

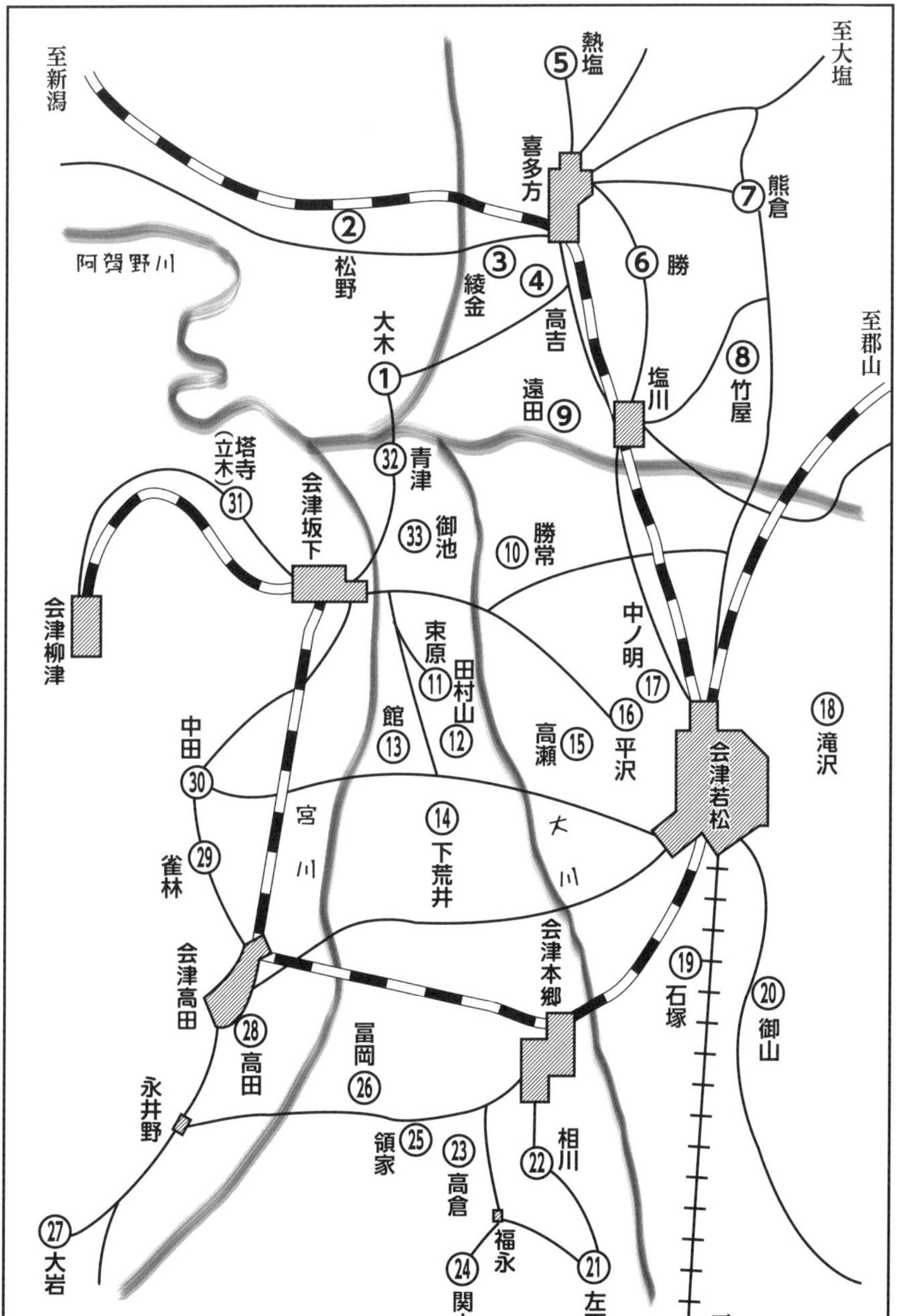

会津三十三観音札所巡礼略図

会津三十三観音　札所　一覧

① 大　木	（真言宗）	喜多方市塩川町大田木	十一面観音（1尺3寸）	紅梅山常安寺
② 松　野	（曹洞宗）	喜多方市慶徳町松舞家字松野	千手観音（2尺1寸）	物宝山良縁寺
③ 綾　金	（曹洞宗）	喜多方市豊川町米室字綾金	十一面観音（3尺4寸余）	長流山金泉寺
④ 高　吉	（真言宗）	喜多方市豊川町米室字高吉	十一面観音（2尺余）	吉例山徳勝寺
⑤ 熱　塩	（曹洞宗）	喜多方市熱塩加納町熱塩	千手観音（2尺）	護法山示現寺
⑥ 勝（すぐれ）	（真言宗）	喜多方市関柴町三津井	十一面観音（6尺3寸）	松島山勝福寺
⑦ 熊　倉	（浄土宗）	喜多方市熊倉町熊倉	千手観音（1尺7寸5分）	紫雲山光明寺
⑧ 竹　屋	（曹洞宗）	喜多方市塩川町中屋沢	如意輪観音（3尺）	大雲山観音寺
⑨ 遠　田	（曹洞宗）	喜多方市塩川町遠田	千手観音（3尺5寸）	福聚山大光寺
⑩ 勝　常	（真言宗）	湯川村勝常	十一面観音（7尺2寸）	瑠璃光山勝常寺
⑪ 東　原	（天台宗）	会津坂下町東原	馬頭観音（1尺8寸）	流古山満蔵寺
⑫ 田村山	（真言宗）	会津若松市北会津町和合	聖観音	福聚山養泉院
⑬ 舘	（真言宗）	会津若松市北会津町舘	聖観音	福聚山観音寺
⑭ 下荒井	（真言宗）	会津若松市北会津町下荒井	聖観音（1尺5寸）	松命山蓮華寺
⑮ 高　瀬	（曹洞宗）	会津若松市神指町高瀬	十一面観音	吉高山福昌寺
⑯ 平　沢	（曹洞宗）	会津若松市町北町中沢	聖観音（1尺2寸）	広沢山国姓寺
⑰ 中ノ明	（真言宗）	会津若松市町北町始字中ノ明	聖観音（1尺8寸）	妙吉山密蔵院
⑱ 滝　沢	（　　）	会津若松市一箕町八幡滝沢	聖観音（4尺）	一箕山滝沢寺
⑲ 石　塚	（真言宗）	会津若松市川原町	千手観音（1寸8分）	石塚山蓮台寺
⑳ 御　山	（天台宗）	会津若松市門田町御山	聖観音（1尺3寸）	神護山照谷寺
㉑ 左下り	（臨済宗）	会津美里町大石字東左下り	聖観音	左下山観音寺
㉒ 相　川	（曹洞宗）	会津美里町氷玉字相川丁	十一面観音（5尺3寸）	空窪山自福寺
㉓ 高　倉	（　　）	会津美里町字丸山乙	十一面観音（1寸8分）	高倉山観音堂
㉔ 関　山	（真言宗）	会津美里町氷玉字関山乙	十一面観音	日當山日輪寺
㉕ 領　家	（曹洞宗）	会津美里町藤家館字領家	十一面観音（4尺余）	延命山常楽寺
㉖ 冨　岡	（天台宗）	会津美里町冨川字冨岡	十一面観音（7尺3寸）	日用山福生寺
㉗ 大　岩	（天台宗）	会津美里町西本	聖観音	牛伏山仁王寺
㉘ 高　田	（天台宗）	会津美里町字高田甲	十一面観音（1尺2寸）	高田山天王寺
㉙ 雀　林	（天台宗）	会津美里町雀林	十一面観音	雷電山法用寺
㉚ 中　田	（曹洞宗）	会津美里町米田	十一面観音（6尺5寸）	普門山弘安寺
㉛ 塔寺（立木）	（真言宗）	会津坂下町塔寺	千手観音（2丈8尺）	金塔山恵隆寺
㉜ 青　津	（曹洞宗）	会津坂下町青津	聖観音（3尺6寸）	清光山浄泉寺
㉝ 御　池	（曹洞宗）	会津坂下町御池田	聖観音（8寸余）	羽黒山西光寺

十一面観音	14	会津美里町	10寺	曹洞宗	12寺
聖観音	11	会津若松市	9寺	真言宗	11寺
千手観音	6	喜多方市	9寺	天台宗	6寺
如意輪観音	1	会津坂下町	4寺	浄土宗	1寺
馬頭観音	1	湯川村	1寺	臨済宗	1寺
				？	2寺

番外①　龍興寺（浮身観音）
番外②　圓蔵寺（柳津観音）
番外③　如法寺（鳥追観音）

もくじ

戊辰の役に縁ある寺々へ

逸話遺す寺々に招かれて

文化の香り高い寺々に迎えられ

歴史の中の寺々を訪ねて

磐梯山　恵日寺（真言宗）

磐梯町磐梯

会津仏教文化の源を偲ぶ

恵日寺は会津仏教の源である。この寺を開いた東大寺法相宗の学僧、徳一はなぜ平安の初めにこの会津にやってきたのか。

この寺を訪れるたびに拙者には疑問であった。仏教教学を奥州にもたらした人物として、徳一研究の第一人者の田村晃祐氏は「都の喧騒の地を離れ、空閑《くうげん》の処で静かに座禅して仏教の修行に専念する為に磐梯山の麓へ移った」というが、「なぜ修行の場として遠く離れた会津の地迄来たのかは分かりません」（『徳一菩薩と恵日寺　東北仏教文化の開創者徳一について』磐梯町）と述べている。

高橋富雄氏は「清水信仰と長谷信仰を東国に宣揚する使命を帯びて東行した」というが、ここでも「なぜ会津

寄棟造の屋根に軒の出の深い向拝を付した本堂

なのか」がわからない。
平安時代以後に用いられていた三鈷杵《さんこしょ》とは異なる形のものが寺に伝えられていることや「徳一廟」の存在などから、徳一がこの恵日寺に住んでいたことは間違いないが、会津の地に来た理由は田村氏編の『徳一論叢』の各項でも明らかにされていない。磐梯山修験との関係を解く人もいるが、定かではないのが実情である。

そんなことを考えながら寺域の北にある「徳一廟」に詣でる。これは藤原期の様式からか、徳一がこの寺で亡くなったことが十分推測できる遺物である。

徳一以後、寺の衆徒頭《しゅとかしら》、乗丹坊《じょうたんぼう》が越後の城四郎長茂と一緒に信州横田河原の合戦で木曽義仲と戦い討死してしまう（『平家物語』）。それ以後、寺は衰退を重ね、一時天台宗となり、その後、真言宗になったという。乗丹坊の墓は仁王門の東の小道脇にある。宝篋印塔《ほうきょういんとう》の形式で高さ二七〇センチで中世後期の供養碑といわれている。

史跡入口の前にある平将門の三女如蔵尼の墓

他に、金耀《こんよ》の墓もある。「徳一廟」の東側にあって、これも宝篋印塔の形をして、軒の反りを作って反花座など立派な石塔である。

「白銅製三鈷杵」が寺にはあるが、これは憤怒の形で先が鋭く、武器としても用いられた。国指定の重文である。これは、徳一時代の唯一のものとされる貴重なものという。

寺には「絹本著色恵日寺絵図」が保存されているが、伽藍配置は曼荼羅の形式で書かれている。盛んな当時の面影が偲

「史跡 慧日寺跡」の碑

復元された中門と金堂

ばれる。現在、福島県立博物館に保管されているが、本堂にもそのレプリカがある。この伽藍そのものは天正十七年（一五八九）の伊達政宗の会津攻めによって建物全体が金堂のみを残して全て灰燼となってしまった。戦後の寺院の遺跡発掘により、昭和四十五年（一九七〇）十二月に国の史跡に指定されている。

平成二十年（二〇〇八）には初期の伽藍に沿って金堂と中門が復元されている。目にまぶしいくらい朱色の柱が立ち並び、規模は思ったほど大きくはないが、昔、この地方では立派なものだったろう。この史跡となっている恵日寺の遺跡を一つ一つ辿ることによってその寺の歴史を偲ぶことになる。

現在の本堂は昔の塔頭《たっちゅう》（脇寺）だったという。元禄十五年（一七〇二）の建立である。屋根は寄棟造《よせむねづくり》で、堂内の板戸にはやや鮮明ではないが、絵が描かれている。茅葺きの山門は江戸中期のもので、本堂と共に、県の文化財に指定されている。

仏都会津の縁を偲ぶのにはふさわしい寺である。

瑞雲山　興徳寺（臨済宗）

会津若松市栄町

若松のど真ん中にある古刹

会津の名刹、興徳寺は会津若松の町のど真ん中にある。この寺の墓には、有名な戦国武将、蒲生氏郷の遺髪が納められてある。氏郷は若松の城下町の町割り（区画整理）を初めて行ったことで有名である。

城下には内堀と外堀を設け、その間を郭内《かくない》といい、そこを武家屋敷とした。そして、それまで住んでいた商家や寺社は防備上、郭外《かくがい》に移されたが、この興徳寺だけはただ一寺、その由緒と格式により郭内に残されたのである。

蒲生氏郷の遺髪が納められている墓

外堀には十六の門があって、この門を通らなくては郭内外を往来することができなかった。現在、外堀はすべて埋められてしまったが、その城門の跡が今でも残っており、それが甲賀町口の郭門跡の石垣なのである。

その郭門の近くまでは興徳寺の広大な境内だったのである。明治時代の興徳寺の寺域がわかる絵（写真参照）が本堂に掲げられてある。それを見ると、本堂から一〇〇《メートル》ほど南に離れたところに山門があった。市役所に行く道のあたりまであって、その頃の堂塔伽藍は見事なものであったという。

現在の神明通りの三分の一ほどがこの寺域だった。今の本堂は北向きになっているが、本来は南向きになっていた。庫裏と観音堂が今でも南向きになっていて昔の寺域を偲ばせている。

興徳寺の開祖は中国の南宋の僧、鏡堂覚円《きょうどうかくえん》（大円禅師）である。弘安二年（一二七九）に無学祖元《むがくそげん》とともに来日した。葦名氏四代の泰盛が招き、八〇〇《メートル》四方の地を造営させたのである。このとき、初めて会津に臨済宗の禅が伝えられたのである。

伊達政宗が天正十七年（一五八九）に会津に攻め込んできた時に、この興徳寺を仮の役所とした。翌年、豊臣秀吉は腹心の蒲生氏郷にこの会津を治めさせた。氏郷は文化人としても名を残した。特に千利休の次男の少庵を会津に匿って、千家再興に力を注いだことでもよく知られている。

その氏郷の辞世の歌碑がこの興徳寺に昭和二十九年（一九五四）、氏郷没後三六〇年祭で会津史

明治時代の興徳寺が描かれた絵

談会により境内の桜の樹のもとに建てられた。

　限りあれば　吹かねど花は　散るものを
　　心みじかき　春の山風

会津各地に三十三観音札所が決められているが、若松の城下でも「町廻り三十三観音」が定められた。そのとき、第一番札所となったのが、この興徳寺の子安観音菩薩であった。

資料によると第一番は南町の静松寺とあったが、この寺が一番札所を務めていた時があった。それは、興徳寺が郭内にあったので、参詣する時郭門を出入りするのにいちいちことわって入らねばならず、何かと不便であったので、静松寺が代わっていたという。明治になって静松寺が廃寺になり、興徳寺が復活したという。

興徳寺山門跡に建つ碑「蒲生氏郷公墳墓之地」

今は繁華街となった神明通りが、この興徳寺の墓地だったことを知る人は少なくなってきた。昭和二十年（一九四五）に開通して賑やかになったが、それまでは鬱蒼と生い茂る杉木立の中にあったという。

今はビルの谷間の中で、古刹の姿を凛と示している寺でもある。

盛道山　常勝院　高巌寺（浄土宗）

会津若松市中央二丁目

今に残る蒲生忠郷の墓

高巌寺の裏には一基の五輪塔が建立されている。これは蒲生三代目の忠郷の墓である。市の大町土地区画整理によって、中央通り貫通のため、多くの寺院が移転した。この寺も墓地はすべて大塚山墓地公園に移された。きれいに整備された寺域に唯一この五輪塔だけが昔の面影を漂わせている。

寺の周りの建物はすべて新しくなったが、寺の門前にある地蔵堂だけが昔のままだ。元は東側を向いていたが、今は西向きとなっている。この御堂は「中御堂《なかみどう》」という。お城に関係のある地蔵堂の一つという。いつの頃から存在していたかはわからない。身の丈六〇センチほどの延命地蔵尊である。

地元の人からは昔から「豆腐地蔵」と呼ばれている。豆腐を一丁お上げ申して夜泣きの子どもを治すようにとお祈りすると、夜泣きがぴたりと止んだという。その言い伝えにより「豆腐地蔵」という。なぜ豆腐をお供えするかは不明であるが、霊験のある地蔵として厚く信仰されている。現在は馬場下五之町の町内で管理されている。縁日は七月二十二日で、若松のお日市の一つである。

その地蔵堂の前には祠がある。耳の神様という。祠の左脇にあるように、お椀の中心に穴をあけて紐を通してぶらさげてお参りする。すると、耳がよく聞こえるようになるという話が伝わっている。元、清林寺近くの定善寺（廃寺）にあった祠をここに移転したという。漏斗（じょうご）の先みたいな形をしたものが入っている。

この寺は岌天《ぎゅうてん》という僧が文安年間（一四四四〜一四四九）に、会津の地に茅庵《ぼうあん》を営み、葦名盛高の勧めで寺を建立したのが創始である。大永二年（一五二二）葦名盛高の子盛舜《もりきよ》は父盛高の位牌を納め、寺田数百畝を与え菩提所とした。葦名滅亡後も蒲生氏の菩提寺となって繁栄していた。以後末寺三十余寺を持つ中本山格の寺として繁栄した。

高巌寺の寺宝は、慶応三年（一八六七）の笹小屋焼きと戊辰戦争でほとんど焼かれてしまったが、「法然上人木像」（像高八〇センチ）が残されている。現在は、毎年四月二

高巌寺本堂

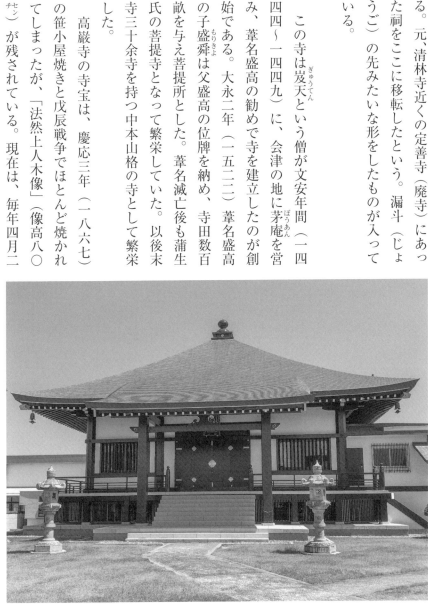

十四日の「御忌《ぎょき》法要」の際のみ御開帳されるという。

この寺には「空を飛んだ弥陀三尊」の伝説が残っている。会津坂下町の開津地区の蓮華寺に阿弥陀・観音・勢至の三尊が安置されていたが、ある夜、突如として後光を放ちながら若松の城下の方へ飛んで行き、落ち着いた所がこの高巌寺だったという。戊辰戦争で焼失されたが、定朝様式の「勢至観音立像」（一〇六チセン）がそれと伝えられている。

高巌寺の末寺、会津・青木の正徳寺で出家して京都に修行に出た岌州《ぎゅうしゅう》が、京都百万遍知恩寺の三〇世となり、後奈良天皇の信望を得て紫衣を頂き会津に一時帰郷した。その折、天皇から拝領した「阿弥陀二十五菩薩来迎図」「十三仏」「獅子の吊灯篭」を高巌寺に寄贈しているが、今は現存していない。

大町中央通り開通後、寺域は整頓されたが、末寺三十三寺の高巌寺は会津の浄土宗の中山として宗派の発展に寄与している。

法紹山　浄光寺（日蓮宗）

会津若松市宝町

保科正之の母の菩提寺に導かれ

住職の大島豊扇（道子）さんに迎えられる。髪は短く刈り、清楚な白い僧衣をまとう姿は、私が女子高校で教えた無邪気な彼女の姿はそこにはなく、日蓮宗の厳しい僧侶の落ち着きのある姿であった。女の僧侶として珍しがられるが、その毅然とした態度と知的な動作は悟りの境地に達しつつあるようだ。

彼女が仏の道に入るようになったのにはさまざまな経緯があったようだ。大学を卒業後、立正大学で事務をとっていた時は考えもつかなかったという。

最初に大島家に嫁いだ祖母ハナさんは、後に浄光寺の中村住職の後添えとなる。しかし理由はよくわからぬが、浄光寺を継ぐも、姓は大島と名乗り現在に至っている。

昭和六十一年からお寺に仕える身となったが、祖母のハナさんの影響が強く、小さい頃から能楽を学び、高校三年生の時、宝生流の「嘱託」免状を得たほどだった。その頃を振り返って、「今日、私の読経の中の坐作進退の所作の中に、この頃に修業したことが役立っています」と、述懐している。

住職が言うには、勿論仏事に関する役目はあるが、日蓮宗では御祈祷と、さまざまな相談に乗ること等も大切であるという。鬼子母神堂での祈祷と悩み事相談は欠かせない日常だという。

相談となると、何時間もかかるが、豊扇さんは、真剣に悩み事を聞いて過ごす時間が多いようである。ここの鬼子母神堂は、いつも開放されていて、しかも、女性の僧侶なので話やすいという。

鬼子母神像

藩祖保科正之の御生母、お志津の方は高遠で、我が子正之に看取られながら五二歳の波乱多き人生を閉じられ、長遠寺に葬られた。

高遠から山形に国替えになった時、正之はこの地にあった本春寺と、移転してきた長遠寺とを一寺として、法紹山浄光寺と命名した。これが、この寺の始まりである。

会津入国後、この寺は正之のお供寺として会津にやってきた。寺領は一〇〇石を受領し、初めは南町口にあったが、現在地には寛文五年（一六六五）に移転した。当時、その境内は、一五〇《メートル》四方もあって、興徳寺や融通寺と並んで大きな規模であった。このように正之の御生母が生前日蓮宗を信仰していたので、浄光寺がその由緒ある菩提寺としての役割を果たしてきたのである。

現在、本堂には、正之母のお志津の方（浄光院殿法紹日慧　尊霊）、三代藩主正容の母、おふきの方（栄壽院殿慶室妙長日善大姉）、四代藩主容貞の母、おいちの方（本妙院殿遠壽日量大姉）のお三方の御位牌が安置されている。

特に美貌の持ち主で芸事も達者であった、三代正容の側室、おいちの方（本妙院殿）は後に四代目藩主となる容貞を生んだが、拝領妻として笹原家にお下げ渡しになる。しかし笹原家では再三再四断るが、最後は承知せざるを得なかった。

正之公母堂、お志津の方の御位牌

笹原家に入った、おいちの方は、娘も生まれ、ひとときの幸せを過ごすが、皮肉なことに我が子が四代藩主になると、母が家臣の妻ではまずいといって今度は笹原家から離縁させ、城に戻させる。笹原家はそれに抵抗した

会津の女子教育の先駆者、海老名リンの石像

ことから家禄を没収され、おいちの方は、終生わが子に生母と知らされなかったという、悲しい余生を過ごすことになる。

寺は、戊辰戦争で、ほとんど焼失したが、現「鬼子母神堂」だけが残存したので、そこを本堂にしていた。六〇年前までは、寺の周りが田んぼであったため、点々と墓が散在していたという。一二一号バイパスができる前は、西のほうに少し下がった所に、外掘割の跡があったという。

墓域に入ると、中央にお志津の方の実家、神尾家の墓所がある。また、明治の会津女子教育の母といわれた、海老名リンの石像が本堂前にある。リンがキリスト教の洗礼を受ける前の海老名家の墓が寂しく佇んでいる。その他、由緒ある会津藩士の墓があちこちに立ち並んでいる。

萬松山　天寧寺（曹洞宗）

会津若松市東山町

幾多の逸話残す寺々に誘われて

著名な会津藩士たちが祀られている墓の多い所として古刹、天寧寺を見逃すことはできない。会津戊辰戦争の責任を一手に引き受けた家老、萱野権兵衛長修の名は会津人にとって決して忘れることのできない偉大な人物である。

さらに、その二男郡《こおり》長正の悲劇が重なり、無惨で残酷な人間の姿を見せつけられるのである。長正は父の自刃の後、明治になって九州・豊津の小笠原藩の育徳館に学ぶ。そのとき、食べ物がまずいという母への手紙を落とす。それを読んだ小笠原藩士

郡長正の墓

近藤勇の墓

の子息に大勢の前で罵倒される。会津藩士の面目を雪《そそ》がんとして切腹してしまう。

戊辰戦争の時、長正の母は大勢の子どもを連れて入城しようとしたが、足手まといになると言って、母おたかの手によって長正は首を斬られるところだった。ところが「城内は人手不足だから早く入れ」と言われて、長正は死んだはずの命を幸運にも拾われたのである。そんな長正がこのような不運な悲劇の主となるとは信じられなかった。

このような萱野家の墓域には訪れる者が少ない。会津の戊辰の悲劇の一コマを感じるのにはもってこいの場所なのに残念に思えて仕方がなかった。本堂の裏には、福岡県立豊津高校から贈られた梅の木「豊津南高梅」の木が植えられている。

それに反して、本堂からの坂を五〇〇《メートル》ほど上って行くと、新撰組隊長の近藤勇の墓がある。人気があって、線香の煙が絶えることなく、若者たちの参詣する姿が見受けられる。

他に主な墓としては、田中玄宰家、鋳物師早山家累代、槍術の田村忠長、日新館の秀才伊東左大夫、漢学者伊東裕順、大岩勝長など多彩な顔触れの墓がある。

戊辰の戦争後、眼光鋭い侍が二人の供を連れてこの地に何か埋めたという。それは骨壺ではなく、髪の毛のような小さいものだったらしい。そこに埋めた侍が、土方歳三だったという話を以前、近くの愛宕神社の神主から聞いた。そんな因縁も伝わって新撰組ファンが多く訪れるという。

× × ×

応永二十二年（一四一五）楠木正成の三男、正儀《まさのり》の子である傑堂禅師の開山。葦名一一代の盛信の開基である。後、二世南英謙宗は明に遊学し、学識甚だ高い名僧だった。九世善如の時、葦名盛氏の後押しにより最も活気を呈した時期であった。しかし、伊達政宗の会津侵入により寺は焼失。蒲生の時に再建された。したがって、「領主の盛衰と寺の興廃と同じうす」という禅寺特有の様子がはっきりと現れている寺ともいえる。

東山温泉は天寧寺の客僧、江湖がその出湯を見つけたのがその濫觴という。故に人呼んで「天寧の湯」と名付けられていた。「からす、からす、どこさいぐ、天寧寺の湯さいく、……玄如みたさに朝水汲めばヨー　玄如隠しの霧が降るヨー」と歌われる会津の代表的な民謡「玄如節」（会津磐梯山の元歌）に出てくる玄如という僧は、この寺の六世朝玄のことで、朝、閼伽《あか》水を汲みに来る美貌の朝玄を村の女たちが恋焦がれたという話が伝わっている。

周りの住宅にぎっしりと囲まれている広大な寺域は所々朽ち果てているが、東山の山を背に受けて、広大な寺域を有するこの寺は、会津の風格ある禅寺として歴史の重みを感じさせる古寺である。

道樹山　龍興寺（天台宗）

会津美里町字龍興寺北

慈眼大師と法華経に導かれ

「もっと早く、御坊を知りたかった」と家康に言わしめたのは、世に名僧と言われた天海大僧正であった。彼の行為には、理解を超えたものがあった。想像もつかないスケールの大きな行動家でもあった。彼の唱えた「山王一実神道」は家康を神として祀ることとなる。

そんな天海の前半生は謎に包まれる。その謎が謎を呼び、それがカリスマ性を増幅していったのである。生誕の地に伝わる話は、すべて伝説の域を脱しない。

天海（慈眼大師）生誕の地としてここ会津高田の郷は一躍著名になった。幼名、兵太郎は一一歳の時、父親を亡くす。悲しみに暮れた兵太郎は、菩提寺の龍興寺二十九世の辨誉舜幸法印の教えを受ける。最初、舜幸は俗体のまま手元に置いて内典、外典を学ばせて、僧侶の厳しい修行を体験させようとした。兵太郎は経文の習熟に励み、四年間の修行に堪える。

一四歳になった時に得度の式を挙げ、名を随風と改めた。一〇宗ある教派を全て学修するために諸国を巡る修行の旅に出る。彼は、難問に出会っても、鋭い能力を表す。彼にとって、龍興寺の舜幸という師匠に恵まれたことは後々の天海の偉大な足跡を残す礎となった。

現在、龍興寺の墓所には、「天海大僧正の両親の墓」がある。五輪の塔で、それほど大きいものではない。辻善之助、黒板勝美の両博士の高田訪問によって、天海の両親の一対の五輪の塔の墓が発見された。それは、大正四年（一九一五）の六月のことだった。

父は、高田の豪族、舟木景光、母は高田の城主、葦名盛常の娘。子どもに恵まれず両親が清龍寺の文殊堂にお籠もりして授かった子として、その生誕伝説はあまねく会津高田には伝わっている。会津高田に伝承されている話として次の五つの話が挙げられる。

①　大師生誕の由来
②　生臭な食事を嫌って吐き出す話
③　鯉の味噌汁を食べた母のお乳を嫌がる話
④　夜泣きが法華経のように聞こえた話
⑤　浮身観音の縁起

このうち、①と②の話は、天海没後七年の時に、『東叡開山慈眼大師伝記』などに記載されているものである。ただ、この生誕伝説には、天海の両親がお籠もりした場所の文珠堂のことが書かれていない。文殊菩薩の生まれ変わりだと言われているのに、記載されていない。ところが、高田に流布している記録

天海大僧正の両親の墓

には、はっきりと記されている。この慈眼大師の伝記の出所は恐らく地元の高田から発信されて、広まったものと思われる。

天保十年（一八三九）十月、会津高田組の郷頭、田中太郎左衛門重好の所に、龍興寺四十二世の住職、辨雄が慌しくやってきた。三年後の天保十三年は慈眼大師の二百回忌に当たるので、寛永寺では天海大僧正の年譜の作成をしたいので、天海生誕の由来を書き上げよ、という命令書がきたとのことだった。

辨雄は住職になったばかりでよくわからない。そこで、高田組の郷頭の田中重好の所に書き上げを頼み込みにきたのである。重好は、草稿を書いてみるから、貴僧もこれに添えて書き上げてはどうか、と言って書き上げたのが『慈眼大師誕辰考』である。

今、田中文庫に草稿の原本が天野家に残っている。当時の慈眼大師の生誕記として会津における天海に関しては、最も詳しいものの一つといわれる。特に大師の実家の舟木家のことは、田中重好が『桜農栞―村中之巻』の記に負うところが大きい。

天文二十一年（一五五二）比叡山に登り、神蔵寺の實全上人に学ぶ。二三歳の時、母の病気のため一時会津に帰ってくるが、看護の甲斐なく母、六〇余歳で亡くなる。喪が明けると再び、諸国を廻り、各地で学問に精を出す。

特に、幅広い学問を身に着けようとして、永禄三年（一五六〇）には足利学校で、二年間漢学と易学とを学び、ここで学んだ占術は彼のカリスマ性を以後、大いに発揮することになる。

後、比叡山に再び登るが、織田信長による焼き打ちにあい、甲斐の武田信玄のもとに身を寄せる。ここで、彼の才能が発揮される。その学問に裏づけられた弁舌は、信玄を始め、居並ぶ貴僧たちを感動させる。「随風は天縦（うまれつき）の智弁なり」といわれるほどだった。

そのとき、縁ある葦名氏から、黒川城内の鎮守、稲荷堂の別当の住職にさせたいと、信玄に懇願する。ここでも、彼は天台宗という狭い世界に止まらず、奈良では法相宗、会津では禅宗を学び、顕・密・禅の三学兼修の師家となる基礎を固めて、ますますスケールの大きな学説を築いていった。

天正十七年（一五八九）、会津の領主、葦名義広が伊達政宗に滅ぼされ、義広を常陸に送って行き、江戸崎の不動院に住する。その後、天海は会津に二度と戻ってこなかった。

龍興寺には、国宝の一字蓮台法華経が大事に保管されている寺として著名である。毎年、七月の初旬には、「蓮台写経会」が開かれている。昭和四十六年（一九七一）には、古写経研究家として有名な故田中塊堂帝塚山学院大学教授が来寺され、「このような見事な法華経が残っていたとは奇跡なこと」として称賛されていた。田中氏の説では、「当時の会津の記録には、この法華経のことが記載されていなかったのが、逆に好事家の餌食から守るという皮肉な結果をもたらしたのだろう」と言う。朱・金・青・緑・白にきれいに彩色された蓮台に、一字一字すべての蓮台の上に見事な筆跡で書かれている。用紙は極上の紙を用い、縦二九《センチ》、全長九《メートル》九〇《センチ》に及ぶ。一行を一七字ずつ認められ、総字数、六九三八四字の楷書である。

確かにこのような素晴らしい法華経が、寛文五年会津藩へ書き上げの「会津寺社縁起」には記載されているが会津のその後の江戸期の史書に記載されていないのは不思議だ。『新編会津風土記』は勿論、高田組の郷頭、田中重好は稀に見る筆まめな文人だったが、彼の郷土史、地誌ともいえる郷土資料にも記されていない。誠に奇妙なことである。見事な筆跡で書かれた法華経が誰の目にも留められていなかったことは、どうしても引っかかるのは私だけであろうか。

また、戊辰戦争の際にも焼失しなかったのも、僥倖ともいえるのだが、これは、この法華経のことが当時の資料に残されていなかったからだといわれている。なぜ残されたかについては、天台宗の根本経典である法華経だったので、歴代の住職が秘かに気を入れて守り通したのだ、ということはわかる。

現在の寺の縁起には、法華経のことは載ってはいるが、江戸期には、寺宝として残存していたことについては触れられていない。まったくの謎が込められている。

一字ごとに祈りを込めて書く願経で、それこそ命を捧げ尽くして写経した、平安人の願望が強く感じられる筆跡である。とにかく書に関して無粋な私でさえ、その心を込めて書いた法華経に引き込まれてしまう。

法華経から一字ずつを抜き出して彫った石塔

本堂の前にある石碑は、一字蓮台法華経の文字を拡大して彫られた「国寶一字蓮臺法華經」の文字は見事な筆を示している。また、蓮に縁のある寺にしようと、本堂の北の池には、古代の蓮、大賀蓮などが植えてある。

この寺は、このように一字蓮台法華経に縁ある寺として、また天海、慈眼大師に縁ある寺として、会津の古刹の名に恥じない寺である。

雷電山　法用寺（天台宗）

会津美里町雀林

無骨なれど親愛の情わく仁王さま

観音堂の前には、会津五桜の「虎の尾桜」の古木が立っている。重なる花から細く立つ形を虎の尾と見立てて「虎の尾桜」という。色はやや黄色じみているのもよい。周りの華やかな花の宴が終わった後にほのかにやさしく咲くところは、この古寺にふさわしい。

観音堂の中は薄暗い。ほのかな光にあてられた、み仏たちがぼんやりと見える。この寺では、「木造金剛力士立像」が、最も好きだ。それは、奈良や京都にはない「異能力士」だからだ。無骨で頑固そうな体つきが良い。何とも言えない「古武士」のような風格さえ備えている。

全体に太造りで、とても洗練されたも

法用寺三重塔

のとはいえない。仁王門に長く置かれたので、風雨にさらされて痛みが激しく摩耗していた。昭和三十六年（一九六一）に今のように修復されて大事に堂内に安置されるようになった。年代は定かではないが、平安の藤原期の作だというが、銘があれば、国宝級のものになるが、そんなに偉くなってもらいたくない気持ちでもある。

阿形像は二二四センチ、吽形像は二一六センチで、容貌は同じように見えるが、微妙な差がある。「阿」の方は右指のもとから直角に水平に出している。そのピーンと張ったしなり方が気になって仕方がない。力強く表している反面、何かぎこちなさが残る。

「吽」の方は、立てている右手が、ストップさせるような形をしているが、少しも番人の効力を達していないのはどうしてか。「ちょっと待って下さい」と呼びかけているような気がする。

両像とも番人としては「怖い」という気分になれない。むしろ、「優しい力持ち」と思えるのは私だけなのだろうか。それにしても肉太の朴訥な仏さまの姿が、心を捉えて離さない。

木造金剛力士立像（左 吽形、右 阿形）

他には、横柱の上にずらりと置かれている「三十三身像」に何となく惹きつけられるのだが、拝観者の目があまりいかない。しかし、その姿形が面白い。観音菩薩は境遇や能力に応じた、お姿に代えて一切の生き物を救うという。

残念ながら、ここには一九躯しか残っていない。名前もよくわからないが、背中に昔人が書き残した物の内に名があるのは「人非人、優婆夷、摩コウ羅、婦女身、大自在天身、緊那羅、比丘尼」などである。像高は六八センチ～七九センチの像なので、堂から盗み取って行った、けしからん罰当たりな輩がいて、一四躯はなくなってしまった。

各像とも表情がいきいきして写実的である。見る機会があれば、じっくりと見てみたい像でもある。ただ、高い柱の上にあるので、はっきりと見られないのは残念だ。

本尊の「木造十一面観音菩薩」二躯は、国の重要文化財の本堂内の厨子の中に深く安置されているが、秘仏なので見られない。寺で保存されている県重要文化財の「法用寺御正体」の十一面観音板木は、地蔵と観音の合体で大和の長谷寺と同じである。他に「伝木造得道上人坐像」があるが、室町期の人物像としては上等の方であろう。

暮れなずむ頃、会津で唯一残った三重塔は、現在、会津の古寺の代表としていたが、以前に二度焼失している。しかし、戊辰の役では焼かれなかった。今になってみてば、仏都会津のシンボル的な塔になっている。

雲巌山　圓蔵寺（臨済宗）

柳津町柳津

柳津虚空蔵さんとの縁

会津では、小学六年生の遠足は柳津であった。誰しも数え年の一三歳の春には「十三講詣り」で柳津にやって来た思い出があるはずだ。旧暦三月十三日は虚空蔵菩薩の縁日である。

幼年期から少年期に移る通過儀礼として、心身の成長を祝福するため、昔から数え年の一三歳の少年少女がお参りする習わしがある。

一身に祈る13歳

平安時代、京都の法輪寺で始めたのが最初といわれている。虚空蔵菩薩は福徳、智慧を授かるといって「智慧もらい」といわれている。

このとき、参詣すれば、智慧を増し災厄を免れるだけではなく、記憶力が強くなるという信仰も加わるのだ。また、この年齢の頃は、心身の変化が大きいので「もう幼年ではない」ということを自覚させることが参詣の目的でもあった。

特に一三歳の女の子は、幼年期を脱した印として、女の子に四つ身の着物を背丈にあったものに新調して着せて参詣する。明治の頃までは、新しい着物の展覧会とまでいわれていた。

このように、参詣すれば福徳智慧のみだけではなく、記憶力が増し、これから勉強しようとする子どもの大切な節目の時期でもあった。今でも新しい着物を着て親に連れられて、お参りする。そして、粟饅頭を食べて、後ろを振り向かずに帰って行く子どもを時折見かける。後ろを振り返ると、授かった智慧を返してしまうというので、虚空蔵堂の参道を下り終えるまでは、後ろを振り返ってはいけないのである。

現在は堂の東側に駐車場があるので、車で来る人は、裏側から参詣する人が多いが、やはり急な階段を上り、仁王門からお参りする方こそ御利益があると思う。この仁王門の金剛力士像の体の部分で、自分の痛みのある所に紙ツブテを投げると痛みがとれるという。この仁王門は、大正十四年（一九一五）に再建されたもので、総欅《けやき》、入母屋造《いりもやづくり》の豪華な唐破風で、巌《いわ》の中腹に建っている。

また、境内には、「人形塚」がある。これは、会津農林学校（現会津農林高校）の教諭が、自分と遊んだ人形を捨ててしまうことに哀れさを感じ、供養してやろうとの心から始まっ

只見川から見た虚空蔵堂

たのである。
大正十一年（一九二二）八月頃から建立が始まり、翌年四月二十二日に落慶供養の式が執り行われた。この趣旨に、巌谷小波、小川芋銭、圓蔵寺住職、堀内中将、須賀川の洗目老師などの協賛を得た。塚は饅頭形の土盛の上にコケシ型の石像を刻み、文字は画家の小川芋銭の筆で「人形塚」と刻まれその下に観音像が埋められた。そのとき、全国から六〇〇余個の人形が送られてきて埋葬された。

柳津から只見川の上流にかけて、三島、金山地帯は会津桐の名産地である。各屋敷には四本ずつ桐の木を植えるように奨励していた。そして、ここに「桐樹供養碑」が建てられてあるのだ。大きな立派な石碑で、昭和十一年（一九三六）九月のことであった。毎年八月十日には関係者による供養が行われている。

人形塚

参詣者も県内を始め、近県の新潟県・山形県からも大勢やって来る。昔、越後からは田植えが終わると、野沢の大山祇神社を経て柳津の虚空蔵への道が賑やかになったという。

圓蔵寺は大同二年（八〇七）徳一の創建とも、弘仁三年（八一二）慈覚の創立ともいわれる。本尊を福満虚空蔵といい、空海（弘法大師）の作で、安房の清澄寺と、常陸の日高寺とを併せて、一木で三体に作られた虚空蔵菩薩と言い伝えられている。

虚空のように無限の慈悲を表す菩薩で、福と智の二つの無限なことが、大空にも等しく広大無辺の仏である。虚空蔵堂が現在の所に移築されたのは、文政元年（一八一八）の柳津大火によって焼失したため、当時の住職、喝厳《かつがん》和尚が圓蔵寺再建のため奔走する。幕府や会津藩主に請願し三〇〇〇余両の借財を受けて、文政十二年（一八二九）にようやく遷座式を行った。

このとき、喝厳和尚はこの後絶対に火災にアワ（粟）ないようにと、近辺に産する〈粟〉を用いた饅頭を作ることを考えた。そのとき、岩井屋の先祖の沼沢和一郎に相談して、苦心の末に粟の黄色を表面にあしらって、今、柳津の名物になっている「粟饅頭」が売りだされるようになった。

菊光堂西面

この虚空蔵堂は菊光仏を祀ってあったので、菊光堂の名が付けられた。今屋根にある菊の紋章はこのことによるとされる。文禄三年（一五九四）の大洪水により、今の場所に舞台が建てられたのは、元和三年（一六一七）である。家康の娘で、蒲生秀行に嫁いだ振姫が心願をかけ、成就報恩のため今の場所に移したという。

霊験あらたかな虚空蔵として、昔から会津の各地から柳津にやって来る。明治になっても、田島や大内からもはるばる歩いてやって来た。そのときは、柳津路といって、高田や新鶴の里からの道をたどって親たちに連れられて参詣に来たのである。

虚空蔵菩薩は、丑寅の方位のことで、この両年の生まれの人は、本尊として信仰すれば御利益があるといわれる。そこで、開運を願うものは、「御牛のレプリカを床の間か、或いは違い棚に安置して時々御牛の背を撫で擦って、霊験を感ずるごとに、黄色の布団を敷いて感謝の意を表す」という。

　今では、虚空蔵堂の前に、大きな石で造られた牛がある。参詣する人々は、必ずこの「開運撫牛」を撫でて願うという。この撫牛は、慶応元年（一八六五）に関崎清次外七人によって奉納されたものである。慶長の大地震で倒壊した寺を再建する時に、その巨材の運搬に牛が力を借したことから奉納されたのである。

　古くからの霊場として、幾多の有名人との関わりのある寺で、虚空蔵堂の中には、会津の絵師、遠藤香村の大きな絵馬が二幅ある。さらに有名な陶芸家の板谷波山に嫁いだ会津坂下の呉服商、鈴木作平の娘、おまるが裁縫塾を開いていた時、生徒たちと共同制作した刺繍が奉納されている。

開運撫牛の石像

　また、頼山陽の三男の三樹三郎は鴨崖と号した。詩文をよくし、弘化三年（一八四六）二一歳の時に、会津に来て柳津の岡本坊に一泊し漢詩を詠んでいる。現在、月本旅館に保存されている。

諸陵山　八葉寺（真言宗）

会津若松市河東町広野

八月一日から七日までの一週間、ここ八葉寺は大勢の参詣者であふれる。昔は広田駅から寺まで延々と人の群れが続いていたという。

家族の者が亡くなって四十九日を過ぎた「新仏」の供養のため、会津中の人々が次から次へと押し寄せて来る。「人が死んだら高野山へ行く」と言い伝えられている。

ところが、紀州の高野山はあまりにも遠い。そこで、この八葉寺を高野山に見立てて「会津高野山」と人は呼ぶのである。家族の人たちは死後四十九日過ぎれば、その死者の身につけていた髪の毛・爪・骨・歯などを小さな木製の「五輪塔」（一〇センチほど）に入れて阿弥陀堂の奥之院に奉納するしきたりが伝わっているのだ。

この奥之院には一万五〇〇〇ほどの五輪塔がぎっしりと詰まっていた。昭和六十年以降は舎利殿（収蔵庫）に安置されている。有名な寺へ分骨を納めるという風習は、古い時代からあったが、それは貴族階級に限られていた。ここでは、一般庶民に行われており、会津では珍しい。現在「八葉寺奉納小型納骨塔婆及び納骨器」という長い名で国重要有形民俗文化財に指定されている。

今では見られなくなったが、以前の祭日には「オワカさま」という「イタコ」たちが朝暗いうちに阿弥陀堂の辺りにムシロを敷いて座っている。参拝者の依頼に応じて、死者の霊を呼び起こして

国重要文化財の阿弥陀堂

対話する風習があった。これを「ホトケノクチヨセ」といって新しい仏を「呼び起こす」ものであった。

阿弥陀堂は天正十七年(一五八九)の伊達政宗の襲撃によって半焼した。その後、文禄年間(一五九二〜九六)に再建されたものである。室町時代の特色を持つもので唐様建築でもある。国重要文化財に指定されている。

この寺の境内には「空也上人の墓」と称するものがある。京都の光勝寺の『空也上人絵詞伝』に「天禄三年(九七二)九月十一日奥州会津黒川郷で臨終」とある。それによると会津で亡くなったことになるが、この詞による会津説は単なる伝承とされている。京の西光寺(現在の六波羅蜜寺)で七〇歳で亡くなったということが通説になっている。恐らく、空也上人の縁で以て伝説化したものと思われる。

空也上人は「念仏聖」といわれるように、「阿弥陀仏」の名を唱えながら諸国を遊行し、道を開き、井戸や池を掘削して世のため人のために尽くした。会津の地にもやって来て、飲み水に悩んでいた村人のために「閼伽水」を得ようと手に持っていた「独鈷杵」を突いたところ、豊かな水が湧きでたという。その水の流れにより美しい八葉の白蓮が咲いたという。それに因んで空也上人はここに霊験あらたかな地と思い、阿弥陀堂を建て名を「八葉寺」とつけたのである。

古びた山門を入ると、正面に本堂の阿弥陀堂、右に十王堂、左に開山空也堂が南面に並んでいる。本堂の裏には奥之院、姥堂、茶湯場などがある。

なお、「空也念仏踊り」は「歓喜踊躍念仏」ともいわれている。念仏踊としては最も古い形とされている。長い間、行われていなかったが、大正十一年（一九二二）に、東京空也光勝会から伝授され、復活して毎年八月の冬木沢祭りに奉納されるようになった。

この踊りは、阿弥陀如来の九品浄土を形象といわれ、九人の僧が侍立して勤行資するのが原則とされている。この復活した「冬木沢空也念仏踊」は重要無形民俗芸能文化財として県の指定を受けている。この地方では「でんそら念仏」と呼んでいるが、元締めは若松の融通寺となっていた。

昔は、八月一日、暑くならないうちに朝早くお参りをして、帰りに「本郷の瀬戸市」に寄ることが、庶民の慣例となっていた。最近、様変わりになって、この日には車の列が遠くの集落まで延々と続き、高野槙をお供えしている。

この由緒ある八葉寺も今は無住の寺となっているが、本寺の若松の金剛寺が気を配って、冬木沢の檀信徒たちとこの古寺を守っている。

花を供えて祈る人たち（昭和の参拝風景）

金光山　照国寺（時宗）

南会津町古町

久川城主　河原田家の菩提寺

照国寺は、伊南一帯にかけての時宗《じしゅう》の由緒ある古刹である。建治三年（一二七七）に、一向上人が草堂を建てたのが始まりという。上人は、専ら念仏を民衆に勧めようと志し、この里に到るや、帰依する者が多かったために、ここに一宇の精舎を建立したのである。

そのとき、上人は夢の中で霊瑞を感じられ、朝起きてみると、安置していた本尊から瑞光が放たれ、それは、その光明を浴びた阿弥陀仏であった。

そこで、金光山と名付け、この伊南の郷をよく照らしてもらうようにと、照国寺と号し、新たに寺を建てたという。一向上人は、その後、自筆の六字名号（南無阿弥陀仏）と鉦鼓《しょうこ》を残して立ち去ったという。

照国寺の正しい呼び名は、「金光山法善院古町道場照国寺」である。念仏門流の時宗に属し、神奈川県藤沢市の総本山、清浄光寺（またの名を遊行寺）の末寺である。

伊南郷は奥州合戦（文治五年〈一一八九〉）の功績により源頼朝から与えられた土地であり、河原田盛光の子孫が支配していた。

正安元年（一二九九）に、久川城の城主、河原田兵部大輔盛儀が近江国八葉山蓮華寺より一向上人受戒の僧である一阿上人を招き、塔頭一七院を建立し、二町歩の田を寄進した。それ以後、累代の河原田家の菩提寺と定められたのである。

天正年間（一五七三〜九二）には、伊達政宗の会津攻めに対して、一一代河原田盛次は駒奇城から久川城を築いてこれに備えた。ところがこの戦いで盛次は討死してしまう。後、小田原参軍に遅参のため豊臣秀吉に領地を没収され、終わりを告げることとなる。

寺は現在国道四〇一号線から入るが、昔は国道脇に旧沼田街道が通っていたので、山門も旧道の方に向けて建てられていた。この門は延享二年（一七四五）の再建で、二重鐘門になっている。門の上には「風早大納言卿　当山二十世鐘阿耀山　大工大橋の住酒井源吾」と刻まれている。

墓城には高さ三《メートル》ほどの大きな碑が建てられてある。これは、会津戊辰戦争の際、農兵隊一〇〇人を組織して会津藩のために戦った、河原田

由緒ある二重鐘門

照国寺本堂

包彦《かねひこ》の追悼の顕彰碑である。包彦は久川城主河原田盛次の子孫で、代々会津藩に仕え御蔵入奉行（一五〇石）となった河原田治部信盛の子である。戦後、病のため明治二年（一八六九）旧八月八日に死去した。

その功績を称え、農兵として参加した、河原田盛美、馬場太郎右衛門、河原田幸七が浄財を募って建てたものである。会津藩主松平容大の篆額、南摩《なんま》綱紀《つなのり》の撰文、長岡寛裕の書によるもの。ただし、風雪にさらされてきたため、文字の不明なところがあるのは残念である。

本尊は高さ七八チセンの阿弥陀如来立像で嘉禄三年（一二二七）のもので、運慶の作と伝える。脇侍として勢至菩薩、観音菩薩。境内には薬師堂があり、薬師如来立像、聖徳太子孝養像、聖観音立像などが安置されている。

金剛山　如法寺（真言宗）

西会津町野沢

左甚五郎の「隠れ猿」を探す

本尊の聖観世音菩薩を別名「鳥追観音立像」と呼ぶ。今から一二〇〇年ほど前、行基が会津巡《じゅん》錫《しゃく》の折、鳥獣の害で田畑を荒らされるのを嘆いている農夫がいた。そこで、一寸八分の観音像を授け鳥獣を追い払ってくれたという霊験譚が伝わっている。

行基作といわれる木造聖観音立像は現在厨子が釘付けにされているところにあるため、壊さない限り取り出せない。その上二回の火災にあって、相当傷んでいるので秘仏とされている。本堂の西側には木造金剛力士像一躯が安置されてある。無惨にも頭部、両腕、足先を失っている。「身代りなで仏さま」として参詣者は皆撫でていくうちに、磨滅してしまったと思われる。身代わりになった仁王様のありがたみが伝わってくる。

観音堂は、慶長十六年（一六一一）の会津大地震で崩壊したが、二年後、蒲生秀行の筆頭家老で津川城主の岡半兵衛重政が再建したものである。五間四方で、幅二間の唐破風の東西向拝《こうはい》口、三方開きの珍しいものである。階段は四方にある。外陣の三方には各一間ずつ扉がある。

向拝の軒周りには各部に装飾彫刻が施されている。手挟み、蟇股や、天地・動物・花木などの近世初期の大らかな仏堂建築の特徴がよく出ている。

　参拝者たちは、堂の上の方をしきりに見ている。それは、模様の中に「隠れ猿」を見つけようと懸命に探しているのだった。これは、名工、左甚五郎が「鳥追観音」の霊験にあやかり、大悲に一生の安楽を念じて彫った三匹の猿を必死になって探している姿だった。

　この三匹の猿を探し得た者は牡丹のつぼみが開くように幸運が開き、「福まさる」として有名なのだ。特に見つけた者は「災難より隠れ猿《去る》」「災難を逃れ猿《去る》」「安楽に暮らし猿《去る》」の運を授かるというわけで、皆真剣に探していたのである。このような庶民信仰に巧みに迎合した近世の仏堂形式の例として、会津では大変珍しい観音堂である。

　如法寺の入口にある仁王門（県重文）は単層入母屋造である。観音堂と同様、慶長の地震後に補修され、軸部以下は鎌倉時代の古式が残っているものである。この仁王門を入ると、参道の右側に

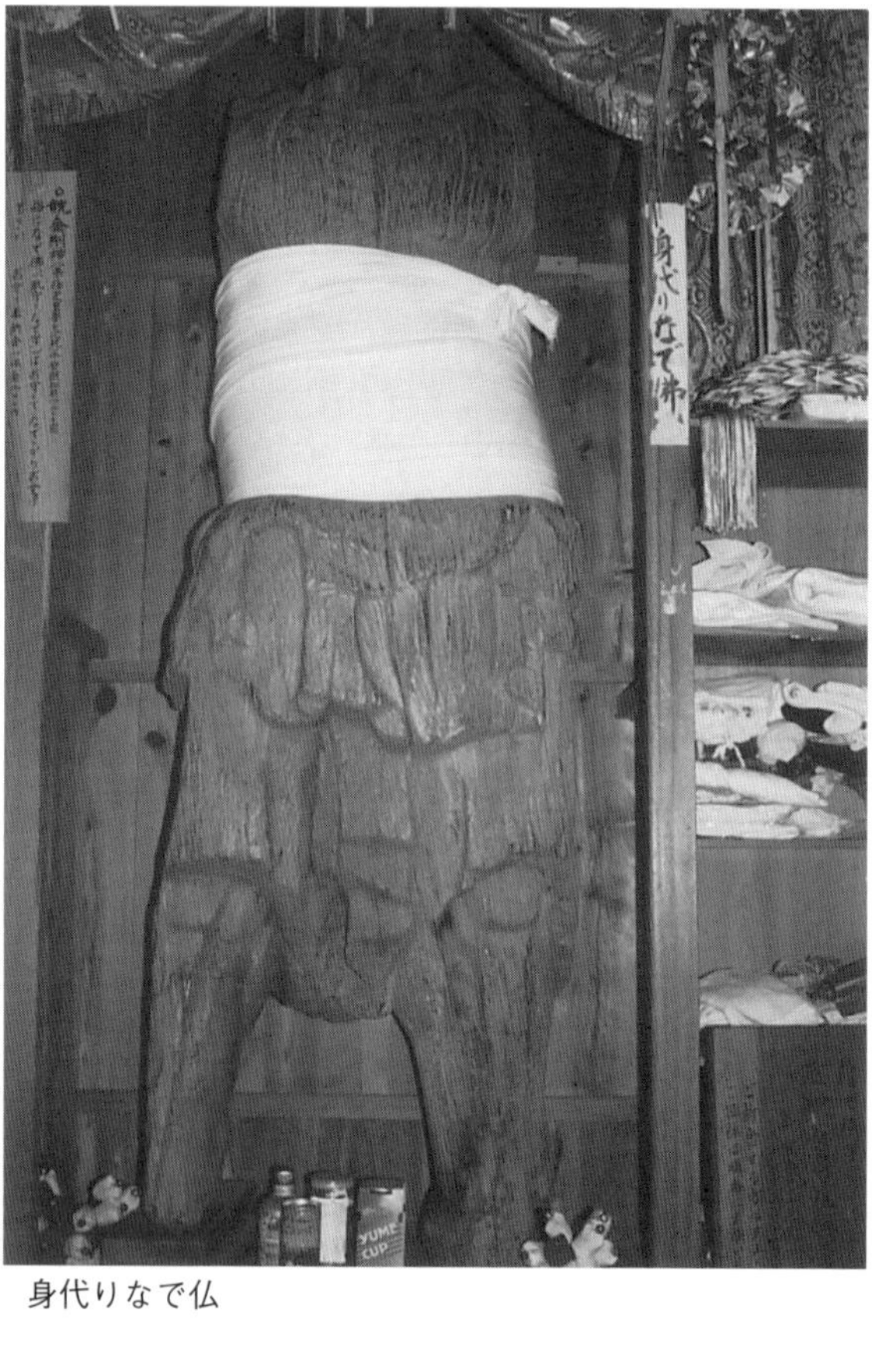

身代りなで仏

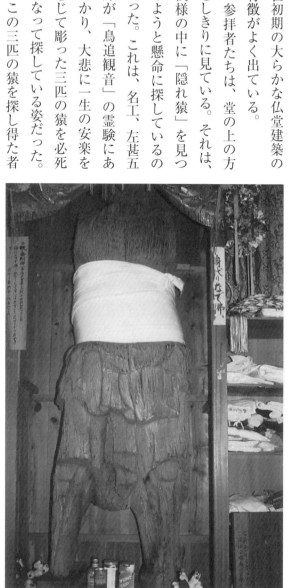

鳥追観音堂。隠れ猿を見つけようとする人たち

可愛らしい小僧の新しい石像が三基並んでいる。「案内小僧」「掃除小僧」「合掌小僧」だそうだ。参道の左奥には室町時代の連歌師、猪苗代兼載の句碑が建てられてある。

如法寺にて　　兼載
さみだれし空も月げの光かな

とある。これは永正二年（一五〇五）九月十三日、葦名盛高の時、「兼載語独吟葦名家祈禱百韻」の中の句である。野沢の人々の俳諧への思いが込められている。

如法寺は立木・中田の両観音と、この鳥追観音とを巡拝すれば、壽命安楽、福壽円満にして大往生を遂げるという。この三観音の抱きつき柱に抱きついて拝めば、皆に迷惑かけずに「ころり」と往生して極楽に行けると今日も大勢の参拝者が訪れる。

霊気漂う佳景に誘われて

興雲山　龍門寺（曹洞宗）

会津美里町尾岐窪

山寺の静寂さを求めて

北の門柱から山門に延びる参道を歩むと誠に落ち着く。なだらかな傾斜の道は本堂に向かって、寸分も曲がったところがなく、舗装されていることは少しも気にならない。幅一・六メートルほどの狭い道の両側は崩れないように石垣が築かれている。

この参道は歩むたびにいつも静寂な山寺の雰囲気が味わえる。のんびりとゆるやかに足を運ぶ気分は俗世を忘れさせる。そして、寺に着くまで、さまざまな考え事をしながら歩ませる演出は心にくい。

興雲山龍門寺は山を背負った禅寺特有の爽快な心気に満ちている寺だ。山門は江戸期に建てられた簡素なものである。その正面に間口一〇間、奥行六間半の堂々とした禅寺の建築様式を示す大きな構えの本堂がある。

所々傷みが出てはいるが、会津藩主保科正之が寄進したといわれる古い大きな円柱が二本立ち、堂内は荘厳な気配を漂わせている。

寺に「龍」の字を用いてあるのは禅寺に多い。ここも開山のころは「幽邃寂寥《ゆうすいせきりょう》の地、黒雲山上に靉靆《あいたい》（雲のたなびく）の状、あたかも龍の飛下するに似たり」（『寺伝』）というところから興雲山龍門寺とつけたのである。

十一寺の小本山として葦名氏から五〇石を賜るほどの格式の高い寺で、専ら祈願を命ぜられ、葬式は行われなかった。その当時住職が乗ったという駕籠が本堂に残っている。

山寺といえば、会津の中ではこの寺と田島の徳昌寺との佇まいが四季それぞれに好ましい。新緑の頃に訪ねると、周りの竹林に吹いてくる清風は香を沁みこませ、山際からは小鳥のさわやかな声が鮮やかに聞こえてくる。静寂さの中でまぶしいくらいの気分に翻弄されるほどだった。

七月十九日には「虫送り」という民俗行事が隣の高橋の集落を中心に行われる。土用の前夜に害虫を川に流して作物を守るための行事である。龍門寺と仁王寺との住職による虫供養の後、畳一畳ほどの屋根のある虫篭を作って宮川に流すのであ

龍門寺のまっすぐに延びた参道

る。その材料は山にあるものだけを用い、釘などは一切使わない。

平成二十三年（二〇一一）十二月の初めに寺を訪れた。本堂前の銀杏の大木に葉はすっかり落ちていたが、まだたくさん実をつけていた。近辺の銀杏の木はすでに葉も実も落としているのに、ここはまだ実をつけている。

本堂前にたくさんの実をつけた晩生の銀杏
小春日和の澄み切った青空に向かって、赤黄色の実が命の最期を飾るかのように、たくさん実をつけている風景は珍しかった。

父の跡を継いで住職になった菊池良一さんに聞いてみると、「銀杏には早稲と晩生《おくて》とがあります。この寺のものは晩生なのでいつまでも実をつけているのですよ」という。なるほど、晩生の銀杏のことをこのとき、初めて聞いたのだった。

昔、先住から銀杏の実を沢山もらったのが懐かしく思い出された。先住は般若湯《はんにゃとう》が大好きな方で、その飄々とした話によく耳を傾けたことがあった。

龍門寺は竹林に囲まれた鄙びた雰囲気の中で腰をおろして、山から吹く風に身を委ねて静寂のひとときを過ごすにふさわしい山寺である。

寶雲山　大龍寺（臨済宗）

会津若松市慶山二丁目

会津藩士達の眠る墓所に誘われて

寺の境内で黙々と草をむしっているこの寺の住職、増子大道さんの背を丸めた姿が目に入る。大龍寺は、東山山麓にあって、まだまだ自然を残している禅寺である。紅葉の季節になると、会津で最も美しい名所の寺となる。元禄九年（一六九六）に寺庭が作られた時、京の嵐山から移した古木が数本残っていると言う。

住職が寺を継いだ時、ここの紅葉を山麓の上から眺める素晴らしさに気づいた。そこで、裏山に「半睡庵」という建物を建てて、その紅葉を愛でることにした。ところが、夏には木々が鬱蒼と生い茂るのでこの素晴らしい建物の存在がわからない。紅葉の季節こそ、この半睡庵からの絶景を愛でるにふさわしい眺めなのだ。

春は花盛り。特に枝垂れ桜が美しく咲く。なかには、三春の滝桜の子孫ともいう桜が数本咲き誇る。寺庭はそれほど広くはないが南北に長く続く墓所とともに庭の木々の美しさは、四季の季節感を見事に演出している。

さらに、庫裏の周りには、草花が乱れ咲き、珍しい黄色い水芭蕉は訪れる人を楽しませる。そんな自然に恵まれた、ここ大龍寺は、黙々と庭の手入れに熱心な住職のこまめに動く故に、この寺の自然が保存されているのだ。

正門の入り口は非常に狭いがその門の側の堂には、五尺もの大きな不動明王坐像が安置されている。恐らく会津で最も大きな不動尊だろう。その前の階段を上ると、本堂の前は意外に広い。

墓所に目を転ずると、有名な会津藩士の眠る墓があちこちに点在している。その入り口には後醍醐天皇から「弓馬の駿傑、天下の師範」と言われた小笠原信濃守貞宗より一〇世後の長時の墓がある。長時は足利義輝の弓馬の師範となり、後、会津の葦名盛氏に寄寓するも、家臣の坂西勝三郎に殺される。当時、廃寺となっていた桂山寺に葬られる。後、大龍寺が創建されたので、長時の子孫の小倉藩主の小笠原侯が墓を建立している。戒名は「長時院殿麒翁正麟大居士」。

不動明王坐像

他に沼沢家の墓、林権助・治助などの墓や、太子流の師範で、傍ら能楽を嗜んだ、小田礒之助の墓もある。彼の法名は「槍剣院謡曲深得居士」で、彼にふさわしい戒名である。

また、山本覚馬、八重の先祖の山本家の墓所もある。これは、若松の牧師、若月氏が山本家の墓地を見出して初めて山本家の先祖の墓だとわかったのである。

安藤有益、法名雄岳全機居士の墓

山本家之墓所（八重筆）

八重が八五歳の時に、先祖の墓を整理統合して墓碑を建てた。それは昭和六年（一九三一）九月に八重の直筆で「山本家之墓所」と彫られた墓碑である。これを機に、同志社大学の学長たちが参詣に訪れ、今でも盆暮れにはお供えが届けられるという。

さらに、墓所の西には江戸時代の会津藩の和算学・暦学者の安藤有益の墓が建てられてある。「雄岳全機居士」の法名の堂々とした墓がある。彼は初めて磐梯山や飯豊山の高さを測ったことから、この両山の見えるところに墓を建てたという。

また、彼は、元禄十年（一六九七）に『奇偶方数』という書を出している。これは、いわゆる「魔方陣」のことで、「方陣とは、1、2、3……の数を四角に並べ、縦横斜めの和を一定にしたもの」で、有益はこの奇、偶の方数の法則を完成したのである。

この種の書は、当時世界でも最初のものと言われている。さらに貞享四年（一六八七）には、『本朝統暦』（十二巻）を著している。これは、神武天皇元年からこの年までの朔日を計算で求め、干支や日蝕、月蝕を記した和暦の労作である。

会津藩士たちの墓を巡って行くと、一般にはあまり知られていない、永井定宗の墓が最近見つかった。彼は、会津藩の財政が極度に逼迫し、その再建に乗り出した。その方策として藩札を発行したが、当然物価が高騰しインフレになる。三年後には莫大な損失を藩に与えたといって切腹を命じられる。彼は七年という期限付きで財政を立て直すことを約束したが、その結果を見ずに三六歳の若さで責任を負い、切腹し果てたのである。

この墓が長い間、わからなかったが、現住職が横転していた墓石を発見して倒れてあった所に再建したのである。正面に「義嶽宗忠居士」右面に「元禄十六癸未歳」左面に「定宗墓」とある。

このように多くの会津藩士たちの墓を廻っていると、不動堂の側からけたたましい叫び声が聞こえてきた。それは、檻の中に飼われていた孔雀の鳴声だった。

大龍寺は墓所や自然だけではなく、寺宝もいくつかある。裏山にある「開山堂」には佐竹永海や野出蕉雨の屏風絵などが陳列されている。さらに北の崖下の「てくの坊」というささやかな宝物殿がある。時々展示物を変えるが、私が訪れた時は会津の絵師、遠藤香村の作品が展示されていた。

大龍寺は保科正之が会津に入城した時に、山形から移って来た「お供寺」である。開山は戒律に厳しい、機外紹鑑という臨済宗開山派の傑僧である。現住の増子大道和尚は寡黙で、日々、身体を動かすことを旨としている。そして、いつも訪れる者を明るく迎えてくれる堂守さんの笑顔はこの大龍寺にはなくてはならないものなのである。

宝沢山　西隆寺（曹洞宗）

三島町西方

親しみのある山村の静かな寺

西隆寺の境内に入ると「乙女三十三観音」の石像群が目に入る。

これは、先々住の故遠藤太禅さんが、白河市の石工の娘、鈴木マリ子・るり子姉妹に依頼したものである。このうら若き石工姉妹を知った太禅師はぜひ二人に三十三観音石像を彫ることを懇望したのである。

昭和四十九年（一九七四）から二年間かけて、ようやく昭和五十一年に完成してこの寺の庭に安置されたのである。そして、先々住の太禅さんは三十三観音像の一つひとつに名前をつけて詩を作ったのである。

それ以後、この「乙女三十三観音」石像は評判となり、訪れる人々に感動を与えていったのである。すでに約五〇

境内に散在している乙女三十三観音

年の歳月を経て年輪を加えてきたが、その清純な乙女たちの心血を注いで彫った観音像は、今もなお静寂な寺の中で微笑みかけている。

この西隆寺は、静寂な山を背負った禅寺である。しかし、先々住とその奥さんのキヨさんとの人柄と信仰心とによって、親しみやすい山寺をつくってきたのである。そこには寺院の持つ権威や威厳は微塵もない。

それは、地元の人たちのこの寺に対する態度によってよくわかる。住職夫妻が、檀家の人々に対して「寺はみんなのもの」という思いに貫かれていることが強烈に主張されているのである。

住職による鬼子母神祭りの祈祷

また、この寺にはキヨさん（故人）の存在が物凄く大きいと感じた。太禅さんが出征中の九年間、そして、太禅さんが亡くなった後も、先住の遠藤弘佳さんを盛り立てて母親のキヨさんが西隆寺を守ってきたことが大きいのである。キヨさんこそ西隆寺の母の役割をしっかりと果たしていたのであった。
それをもっとも理解していたのは、先々住の太禅さんその人であった。「――さがしつづけてめぐりあった観音　それは妻であった――」と残したサイン帖のなかに書かれてあったことからもよくうかがわれる。

したがって、このキヨさんの存在があってこそ太禅さんの布教活動家としての名もあがったのである。平成十四年（二〇〇二）『ごめんあそばせ』という素敵なエッセイを娘の遠藤由美子さんが経営する「奥会津書房」から出版して平成二十年（二〇〇八）九一歳で大往生を遂げたのである。

そんな素敵な堂守のキヨさんのいなくなった、静かな西隆寺がもっとも華やぐ時がある。毎年五月五日は、安産、子授り、子育て、健康の「鬼子母神祭り」が行われる。丁度山村の遅い花見時で寺はたくさんの人で賑わう。

寺の背後の岩倉山の山頂で、立正旭教会の二瓶光正師の祈祷が三日間行われ、人々は険しい坂道を三〇分ほど登って祈祷を受けるのである。寺では西隆寺の住職だった故遠藤弘佳さんの祈祷が次々と行われていた。

戦前には講中ができて盛んであったが、現在は村の出身者が大勢集まってわが子を連れて参詣に来て懐かしい話を咲かせている人の群れが目立つ。そして、ここでは一升の米で一〇〇〇個の団子を作り「千粒団子」と称してお供えし、お護符として一粒ずつ食べるのである。

三島町の西方《にしかた》は喧騒な幹線道路から離れた山村の素朴な雰囲気を持った集落である。「西隆寺護持会」の人たちがこの寺の清掃や整備に絶えず奉仕しているが、この「会津西方鬼子母神祭奉賛会」にも参加してこの祭りの運営を行っているのである。

このように素朴で親しみのあるこの三島町西方の西隆寺は決して権威主義に陥らない希有な寺である。

興国山　徳昌寺（曹洞宗）

南会津町田島

堀主水の妻、樹林の面影宿す

田島の人たちはこの寺を「山寺」と親しみを込めて呼ぶ。六〇町歩の寺域を背景に、境内だけでも二〇〇〇坪もある。その裏庭は遠州流の庭園で、木々の生い茂っている風情は、山寺ならではの興趣を催す。昔は国道から山門まで何も遮るものがなかったという。

本堂の裏山には「笏《しゃく》」の材料となる一位（別名オンコ）という常緑樹の大きな喬木が三本聳え立っている。樹齢二〇〇年という。庭園を飾る六〇余の一位はそれらの子どもだという。これらの木を中心に庭園は造られている。明治三十五年（一九〇二）入山の二十五世良全和尚の時に造られたものである。

また、ここはキビタキ・コサメビタキ・オオルリ・四

徳昌寺山門

十雀・ヤマガラなどの小鳥たちの楽園となっている。現住職は、国蝶のオオムラサキが絶えることを心配して、オオムラサキを救おうとして、田島ロータリークラブの協力を得て生育に必要なイゾイノキ（蝦夷榎木）の木を沢山植えてオオムラサキが増えるように繁殖に気を配っている。

遠州流の庭園

徳昌寺は、永享七年（一四三五）に下野国より入部した長沼政明の開基。通寛和尚が古代開山として開創され後若松天寧寺七代一気正元和尚が中興として、曹洞宗に改宗されたという。代々長沼氏の位牌所だったので、その庇護により、栄えてきた。

本堂は天保十五年（一八四四）に建てられ、また近年平成二十七年に法堂《はっとう》が建立され、立派な禅寺の様相を呈している。墓所は山門を入って左右参道の方に傾斜した山際に散在している。右の墓域の入口の所には、鳴山城主、長沼盛秀の五輪塔や盛秀の父母、実國夫妻の墓と思われるものもある。

加藤氏の重臣、堀主水は嘉明の死後、子の明成と不和になり、寛永十六年（一六三九）四月十六日、一族郎党三〇〇余人を引き連れて出奔する。そのとき、城下の南の方から当時改修工事中の若松城に向かって発砲し、芦ノ原（現下郷町）の関所を破って去っていった。

その後、明成の狂気にも似た執拗な捕縛作戦により、必死に追い回される。逃げられないと思い、江戸に出て明成の罪状を挙げて訴え出た。しかし、家康は主君に背いた言い分は聞き届けられず、明成に下げ渡され、即座に主水は首を刎ねられた。享年五八歳だった。

主水の妻は、名をなえと言い、父は黒川与右衛門貞則、兄の貞得が伊予の加藤嘉明に仕えていたので、同じ家中の堀主水と結婚した。大坂城攻撃の時、嘉明が堀に落ちたので、主水は即座に飛び込み、敵を討って手柄を立てた所から「堀」という姓を賜ったという。ところが、世は平穏な時代へと移りつつあった。華々しい戦国期に生きてきた主水は家臣としての処し方が下手だった。それがこの事件を誘発させた主因でもあったという。

鎌倉に密かに暮らしていたなえは縁切り寺で有名な東慶寺に預けられ、樹林（壽林）と名を変えた。後、加藤明成が会津の地を返還するということになり、田島へ帰ってくる。田島の検断になった兄、黒川貞得の所に引き取られる。そこで持仏堂を建ててもらい、夫、主水と一族の冥福を祈り続けたという。

黒川一族の墓所内の樹林の墓には、正面に「観誉樹林大姉霊位」、向かって左に「延宝七己未年（一六七九）十月十九日」、右に「甥主水一積妻墓　黒川貞観建立」とある。激情の夫の行為に何ら逆らうことなく余生は仏に仕える身として、和歌が唯一の楽しみであったという。

なお、樹林がいつも拝んでいた阿弥陀仏が徳昌寺の厨子の中に保存されている。慌しい日常から離れて暫し、樹林の面影をたどりながら、座禅して瞑想すれば心豊かになるという、そんな禅寺である。

小荒山　安勝寺（曹洞宗）

喜多方市字寺町

土蔵造りの白亜の本堂

安勝寺は旧小荒井村の由緒ある寺である。境内に入ったとたん、とても寺とは思えない建物に驚く。蔵の町、喜多方のふさわしい土蔵造りの白亜の美しい建物が目に眩く感じる。

天明五年（一七八五）、明治十三年（一八八〇）の二度の大火にその都度、堂宇すべてを焼失してしまった。そこで、火事に強い町造りが喜多方の人々の強い願いで行われた。蔵が町中に建てられるようになり、それが喜多方の町が蔵の街となった理由の一つだった。

ここ安勝寺でも火災はこりごりだという関係者の声により、耐火建築の寺を作ることになった。寺の檀家たちは、京都まで出かけて視察した結果、蔵造りの寺とすることに決めた。

堂の規模は七間半に六間半に小さくなった。当時の技術では棟の高さも十分にはできなかった。明治二十七年（一八九四）に漸く完成した。用材は欅や松を用いた。表面の出入口には、土戸、板桟戸、障子戸と三重の引き戸を付けた。窓も外側に土戸、内側にガラス戸の二重戸となっている。まさに火に強い本堂にと、気を配っていることがよくわかる。

ところが、住職によれば「火には強いことは有難いですが、堂内が暗いのが欠点ですね」と言う。

土蔵造りの本堂

コンクリート造りの家屋が普及していない時期では精いっぱいの防火建築の寺だった。

　当時は喜多方でもモダンな寺として話題になっていた。今では、蔵の町、喜多方の寺として若い人の人気で見学者が絶えないという。

　安勝寺の墓域には、喜多方の町の商工業に力を尽くした人物の墓が多くあるが、その一人である小荒井小四郎の墓が目立つ。会津で最初の機械製糸工場を経営した小四郎は、この寺町付近の土地、四町余を購入して桑と茶の木を植えて、製糸業の興産に努めた人物である。明治四十四年（一九一一）、六五歳で惜しまれつつ亡くなる。墓は本堂の北裏約五〇メートルの所にある。

　堀長勝は、日新館の書学寮執事であったが、小荒井村に居を移し塾を開いた。彼は性格が穏やかで、学を好み村人に熱心に教えていた。この地方は、商売が盛んで風俗が浮ついていていたが、長勝が来てからはその風俗が改まったという。

彼は短所を捨て長所を取ることから父母のようだったという。長勝を慕って教えを受けた者が一〇〇〇人にも達した。安政四年（一八五七）病死する。享年五七歳。喜多方の商人、瀬野宅に居を構えていた。その関係で瀬野氏の墓所の安勝寺に葬った。

後、弟子たちが師の長勝の業績を讃えるために、高津泰が碑文を作り、師の用いていた筆、硯、机を埋めて春秋の墓前祭を行った。野矢常方に「堀左衛門遺愛之碑」を題してもらってその遺徳を長く讃えた。その場所は、喜多方市立第一小学校校庭の北に建っている。

また、相馬直登（一八一八〜一九一二）の墓もこの寺にある。彼は藩の御蔵入奉行で戊辰戦争後は塩川で謹慎中脱走して藩主の助命嘆願運動を行った。明治六年（一八七三）、小荒井に隠遁し青少年に学問を教えていた。安勝寺二四世越学和尚もその薫陶を受けたひとりだったので、裏の道路の向こうに墓を作り厚く葬った。

慈応山　観音寺（曹洞宗）

猪苗代町川桁

有名な観音寺の夜雨の雰囲気漂う

観音寺は環境のすこぶる良い寺である。背後にある川桁山を寺の借景にして、老松や苔むす石があり、この地方で勝れた山寺の風格を現している。秋の紅葉、夏の清風・涼気、そして春は観音寺川の桜並木となかなかなものである。

今から九十余年前の植えられた桜並木は川のせせらぎとともに静寂の雰囲気を醸し出している。

儒家の山崎闇斎が選んだ「猪苗代八景」の一つの「観音寺の夜雨」が昔から有名である。これはこの観音寺川のせせらぎの音が夜の雨の音に聞こえるという。

観音寺を訪れるとまず目に留めるのは山門だろう。

会津式唐門の様式を残す山門

こじんまりとしているが、素朴で鄙びた趣に誘われる。昭和二十九年（一九五四）にトタンをかぶせた形で簡単に修理したのを、昭和六十年七月十四日に復元したのである。

この山門は江戸初期の「会津式唐門」と呼ばれる入母屋形式である。正面には唐破風を付けた様式を残している。特に欄間の「浮き彫りの手法」や柱の彫刻は桃山建築の様式がうかがわれる。幾度も火災にあったが辛うじてこの山門だけは残った。

山門を入ると左に、応永十八年（一四一一）の銘のある「観音寺石造宝篋印塔」がある。これはもともとここにあったものではない。旧観音寺跡にあったらしい。鎌倉期の供養塔などと一緒にあったものを移したものという。高さ一一八センチ、安山岩で造られている。相輪は短く、笠の馬耳型の突起は先が丸まっている。

石造宝篋印塔

浮彫の「蕨《わらび》手《て》」（先端の巻あがったものが早蕨の形をしたもの）が軽く反転していて形式的である。塔身には窪みがあって反花《かえりばな》も形式化している。どうもこの相輪と塔身とが異なっているように思われて仕方がない。正面には右に「応永十八年（一四一一）十月吉日」、左に「三十三年忌（一四二六）唯明為□□□□」とある。また別面には「川桁山王□□白」の銘があるので、県指定重要文化財になっている。

建久の頃、三浦大炊助経連が猪苗代の亀ヶ城の城主としてやってきた時は、この寺はここより二キロほど離れた川桁山に一宇を営み、法橋春日作の聖観音蔵を安置したのがこの寺の創始という。天正十七年（一五八九）、伊達政宗に葦名氏が滅ぼされた時、猪苗代の寺々はほとんど焼かれ、この寺も免れず荒れ果ててしまった。その後、文禄元年（一五九二）越後の蘭室梵芝和尚が再興し、越後光明寺の三世黙山宗門を迎えて開山とした。

本尊は以前、三浦経連が持ってきたという聖観音坐像である。これは鎌倉前期の運慶の作風がうかがわれるが、よくわかっていない。総高二一〇センチ、像高一一〇センチ、台座七四センチの寄木造である。蓮華を手に持って手印は施無畏印、なかなかの出来と思えるものだ。台座と光背は焼けて後世のものである。本堂は七間から八間で、明治二十年（一八八七）五月の火災の翌年に建てられたものである。

このような静寂に囲まれた観音寺とその周辺にも世俗の風が吹き始めている。近くにホテルができるなど、辺りが変わりつつあるが、それでも観音川周辺とともに清閑な気尚はまだまだ捨てたものではない。

紫雲山　西光寺（曹洞宗）

西会津町奥川

幽寂な気分に誘いこまれる禅寺

奥川の村はいつ来ても良い。村人は親切で純朴な気風が漂う。そんな山村に包まれて、秋の陽射しのなかでも冷えびえとして、寺は静謐な雰囲気を漂わせている。その静寂さは、寺を囲んでいる杉の木々が醸し出しているのかもしれない。

奥川・小綱木の集落から山の方に登ったところにある。門柱から参道が一〇〇《メートル》ほど野の中に続く。そこから苔むした石段がある。その辺りは鬱蒼と木々が生い茂って恐いくらい静かである。この参道をたどると、周りの紅葉した山々を背景に、山寺の幽寂な気分が一層引き立ってくる。

この寺は三度ほど場所を変えている。始めは天台宗だったが、火災で焼けてしまった。そこで、享保の中ごろ、真ケ澤《まがざわ》の太子守宗の金輪山西光寺がちょうど空き家だったのでそれを建て直して再

木々に囲まれた参道

胎内仏を持つ阿弥陀如来三尊（本尊）

興したという。昔、太子守宗だったせいか、寺には厨子に入った聖徳太子像が本堂に安置されている。

　開基については、はっきりしないが、寛文中に若松・恵倫寺《えりんじ》の末寺となっている。その後、当地の有力者であった荒海家の六代目尚昌の娘、智賀が信心深い女性であったので、この寺の再興に力を入れたが、最期まで見届けないうちに、宝永元年（一七〇四）四月十九日に亡くなってしまった。その位牌が今でも開山堂に祀られている。

　その後、長く荒廃していた西光寺を五〇年ほど前から、この山寺にふさわしい老僧夫妻が守っている。亡き住職の秋場隆城師は、山形・寒河江の出身。寒河江の長福寺の方は子どもたちに譲り、この空き寺の再興に力を注いだのである。師は以前にも空き寺復興をいくつか行っている。幸い檀家、護持会の協力を得て見事に復興を成し遂げたのである。

　この寺の本尊は、阿弥陀如来三尊である。脇侍は、観音と勢至の両菩薩。特にこの三尊は皆、胎内仏を持っているのが珍しい。『西光寺記』には「腹籠」とあるが、一般には「鞘仏《さやぼとけ》」といわれている。仏像の中に小さな仏像が入っているが、一般的には、中の仏像の方が古いとされている。

　しかし、この寺の胎内仏は、共に同じ時期に造られているという。本尊の腹の所が、片開きの扉になっていて、像高一〇七センチ（胎内仏は一九センチ）で、『新編会津風土記』には、運慶の作というが、どうも作風から見て、江戸期の様式であるようだ。檜の寄木造で西会津町の指定重要文化財となっている。姿の良い阿弥陀坐像なので、一見に値する。

唐破風の立派な本堂

本堂は文化十年（一八一三）に火災に遭遇し、寺の伽藍は瞬く間に燃えてしまい、ようやく文政十二年（一八二九）に本堂が再建された。その棟上の際の棟札が保存されている。

本堂の屋根は茅葺だったが、昭和二十七年（一九五二）の豪雪で破損し、トタン屋根になってしまった。玄関は、唐破風の立派なもので、彫刻もすぐれ、禅寺らしい風格を持っている。

奥川の村人は道を聞いても、態々《わざわざ》一緒について案内してくれるほどの親切心と素朴な気持ちを持っている。今の日本には失われたものである。そんな村里も、「そば街道」と名付けられ、山都町宮古の蕎麦を食べに行く車が傍の県道を通るようになった。

けれども、まだまだ静寂な山村の山寺の風情は残っている。この奥川の山里にふさわしい静けさと親しみを感じる禅寺である。

み仏のお姿に魅せられて

瑠璃光山　勝常寺（真言宗）

湯川村勝常

仏像にしびれるひととき

この寺の「木造薬師如来坐像」にお会いしたのは、六十五年ほど前だった。まだ人々がそれほど関心を持たなかった頃だった。勝常寺の現住職の宇佐美紘一君がまだ若い頃で、住職の案内で薬師堂の厨子の中のお薬師さまを初めて拝観させていただいた。

丁度、夏の陽がギラギラと照りつける日だった。そんな晴れた日に外から入った途端、電気やローソクの光などない、真っ暗な堂内は、まったく何も見えない。厨子を開いてもらったが、暗くてお姿がぼんやりしてはっきり見えない。

そのうち、暗闇の中から目が慣れるにしたがって次第におぼろげながら、うっすらと現れてくる。そのひとときが、肩のあたりをぞくぞくさせる。何か幻のなかにいるような気がしてくる。つまり、「暗」から「明」への流れる時が、たまらなく、耐えられない一コマなのだ。それは光の移り変わりでしか感じられないひとときだった。

そして、最後に、はっきりとお薬師さまがその全貌を現してくるというクライマックスを演出する。それは、決して人為的ではなく、まったくの自然がなせる「わざ」でもあった。

このときになってお薬師さまが初めて、私の心の襞に触れてくるのだ。古の会津人たちも、この演出に酔いしれて、その有難さに自然と頭が下がる思いだったろう。

最初から、明るい光の中での拝観とは全く異質な体験だった。確かに仏像のディテールに気を惹かれるよりも、全像が目の前に出現する瞬間の姿に、み仏が信頼と安らかさを与えてくれることがわかった。

この寺のお薬師さまの、その迫りくる量感に圧倒されそうだ。少し胸元を開き、上腹のくびれや、胸部のふくらみは、豊満でどっしりとして、体躯は見る者の心に安寧さを抱かせてくれるのである。

木造薬師如来坐像

そして、その体にまとう「通肩」という、如来だけの着衣の彫りは、細かい技法は抜きにして、奈良の仏像に決して見劣りはしない。また、立像でなくて座像なのが良い。立像よりも安心感を我々に与える。そして、親しみやすい。

森厳とした中で、暖かな味のある薬師如来さまがささやきかけるのだ。

この勝常寺には、惹きつけられる仏像が数多く宝蔵庫の中に鎮座まします。その空間は狭く感じる。それは沢山の拝観者が入れるようにはなってはいないからだ。だからいい。それはまず貴重な文化財を守るための機能として耐火倉庫のようになっているからだ。それがまたいい。というのは、み仏のごく近くに立つことができるからだ。千数百年の木の匂いすら漂ってくる。ただ、全体像をつかむには窮屈さは否めない。

正面中央には、お薬師さまの大きな写真があって（本尊は薬師堂）、その周りの四隅に、四天王像が安置されている。右には、持国天（東方）、左には、増長天（南方）、左奥には広目天（西方）、右奥には多聞天（北方）が四方を守護している。

ばらばらに安置されるよりも四隅に置いた方がバランスがとれてその役割を果たす効果が高い。ただ残念なことに、広目天だけは、東京国立博物館の長期貸出で、ここにはない。やはり、四軀全部揃わないと雰囲気が出ない。四軀すべて揃ってこそ四天王の値打ちがあるのだ。

この四天王は、すべて欅の一本彫で、鎌倉期のように怒りの表情が弱い。しかし、首は短く肩を怒らせている姿は、容貌よりも体全体に漲る力が発揮されているのだ。派手な所はなく、古風な感じもうかがわれる。

最も心を動かせ、近づきたくなるのは、東西の端に安置されている地蔵菩薩二躯である。入って西側にある通称「雨降り地蔵」がいい。白木の一本彫で、全国的に見ても最高の傑作という人もいる。

言い伝えによると、近くの大川から流れてきたものを村人が拾って奉納したというが、定かではない。ただ、その容貌や姿態は親しみやすい。それは、雨乞いの祭に古くから関係していたからだろう。

この勝常寺の辺りは、会津盆地で最も低い土地だが、湧き水の出ないところという。だから、雨は貴重なもので、水不足にならないようにと、雨乞いの行事がよく行われていた。

そんな時に、この「雨降り地蔵」は有難い存在だった。寺の境内で太鼓をならし、池に浸し、泥を塗ったり、水を懸けたりして、この雨乞いの祭事が、大正期の初め頃まで行われていたという。

それで、この供養のため磨滅してしまって、木地が見えているのである。それが、かえって、村人たちに対して長年慈悲を施してきた、その証を物語る。そう思うと、その役を果たしてきた安堵感が誠にお顔にも、お姿にも現されている。だから、人気が高いのもうなずける。「慈悲地蔵さん」と声をかけてみたくなる地蔵さんだ。

もう一方の「地蔵菩薩像」は、古い時代の形式を残している。今は金箔が剝げ落ちて斑になっている。創建当時の面影はないが、な

木造地蔵菩薩立像（雨降り地蔵）

かなか見事なものだ。胸から腹部にかけて、引き締まった体の線はいい。胸飾りの彫りもいい。とにかく身体の各部分が均衡を保っている所が素晴らしい。

入ってすぐ右奥にある「木造十一面観音菩薩立像」は、欅の一本彫で、像高二一九・四センチ、背の高さは全仏像の中で、最も高くスマートに見える。それは、誠に均整のとれた肢体だからであろう。その上頭部が小さいので、八頭身もあるように見える。頭に化物十面の像をあげ、中に阿弥陀仏を載せる。これらは、後の世に手を加えたものであろう。

衣文の線はあっさりしているが、飾り帯などは、どこか古風な地方色が見られる。また、腰から下のふくよかなひねった線は、むしろコケティッシュな感じさえ与える。

この観音像は前からみると幅が狭くスマートに見えるが、横から見ると、意外や意外、分厚い肉感的な感じがしてくる。それは、あたかも今風の女性の好む体形のように思える。

もう一つの聖観音の方は、一六六センチ。やはり頭部が小さく胸から腹部にかけての引き締まった体部には人間の理想が込められている。

だから、こちらは端麗な中にも厳かな雰囲気が漂うのは、少しうつむきかげんな様子からくるといえよう。それだけに、平安期の特色が現れているといえる。

ところが、台座は他の失われたものを利用してきたせいか、仏像に比べて大きすぎる。甚だバランスに欠けているので興を削がれる。

脇侍の、日光、月光の両脇侍は、この寺を代表するすぐれた仏像である。像高は、日光が約一六九センチ、月光が約一四二センチ。欅の一本造で流れるような恰好は見事というしかない。

木造月光菩薩立像

木造日光菩薩立像

ボディは両像ともあまり相違ないが、その容貌には、微かな差がある。月光の方が何となく大衆的だ。というのは、目と唇にある。日光の方は、頬の線が緩やかだが、月光はどことなく頬が丸まって見える。胸からのふくらみも、量感がある。だから日光は兄、月光はやんちゃな弟の感じがしてならない。

横から見てみると、両像とも、この寺の諸像の共通点がうかがわれる。それは穏やかな中にも端麗な本尊の脇侍として珍しくも調和のとれた、素晴らしい脇侍である。脇役がすぐれた劇的な場面を支えているかのようだ。

この寺には、観音、地蔵、そして脇侍とそれぞれ二躯ずつ安置されているので、その場で比べてみる楽しみがある。

前面から見ると幅はないが、横から見ると体形は分厚い肉感によってスマートな姿を顕示しているようだ。本尊は別にしてこの寺の仏像の共通した仏像群の特質を備えているようだ。

み仏は大勢が、寄ってたかってひしめいて見るより、このような狭い宝蔵庫でじっくり側近で見られる幸せはこの寺の良さであろう。

正面には国の重文に指定されている薬師堂が存在する。室町初期に再建された薬師堂だが、平安期に創建された当時のものを引き継いでいるからか、四面に縁を廻らせた総円柱の堂だ。

北西の丸柱は「萩の柱」と呼ばれている。この柱は寺を建立する時に、柱が一本足りなかったので、徳一大師が祈ったところ、天から降ってきたという。

その有難い柱を削り取り、煎じて飲むと、虫歯や腹痛が治ったというので、村人たちが競って削り取ったので、柱は半分ほどえぐられてしまった。

また、戦争前には、コウモリがこの堂に住み着いて糞を一面に落としていた。その糞の量が多く、掃除をすると一度に二〇俵程の糞が溜まったという。この糞を石臼で挽いて粉にしてのむと、結核によく効く薬として売っていたらしい。

境内の西側にはウォーナー博士の碑が建てられてある。戦争中、貴重な日本の文化財を守ろうと、京都・奈良・鎌倉とともに、ここ会津を「爆撃から守れ」と訴えて激しく運動した人で、それを顕彰して建てられた。

このように、価値ある仏像に極めて身近に接近することができる寺は、会津、いや奥州でもこの寺しかない。ゆったりと時の経つのも忘れるほど、み仏との語り掛けのできる、会津随一の勝常寺である。

金塔山　恵隆寺（真言宗）

会津坂下町塔寺

日本一大きい仏と見事な二十八部衆

恵隆寺《えりゅうじ》の同級生の前住、藤田正盛君が平成二十五年（二〇一三）に亡くなった。もう十一年になる。葬儀は初冬の吹雪の中で行われ、温和な彼にふさわしくなかった。そんな彼が通称、立木観音の説明を訥々とする姿が懐かしく感じられる。

いいですか、観音さまの方を向いて下さい。そして、この太い丸柱に抱きついてお祈りして下さい。目をつぶってはダメですぞ。しっかりと目をあけて。願い事を唱えるんですよー

その朴訥な口ぶりは、決して上手ではないが、親しみを感じた。拝観者は熱心に聞き入れ、素直に魅了され、うなずく姿はとても貴い。本尊の「十一面千手千眼観世音菩薩立像」は、八・五メートルの高さを誇る欅の一本彫では日本一の巨大な木造の観音像である。

薄暗い観音堂の中に入る。天井を突き抜けるほどの大きさにまず圧倒される。古の里人たちは迫りくるその体躯に恐懼し、思わず低頭したことだろう。彫りは深くはないが、こんな大きな観音さ

まをどうして造ったのか、驚くばかりだ。

本尊の後ろには千手観音の眷族《けんぞく》として、「二十八部衆」（護法の二十八部衆ともいう）が勢ぞろいしている。あまりにも大きな観音さまに目が移ってその背後に気がつかず、見ないで通り過ぎて行く拝観者も多い。もったいない。私はむしろ、これほど大きい二十八部衆に気を惹かれてしまう。この、み仏は、病気や災害から守るという。そのため、櫛（苦し）を奉納するが、最近はブラシまで持ってくる。

木造千手千眼観世音菩薩立像

恵隆寺の二十八部衆について、『日本の美術』（579号—至文堂刊）に、伊藤史朗氏の解説が掲載されているので、次に挙げてみる。

> この期（平安朝—筆者註）の珍しい彫刻の実例と推測されるものに、福島県の恵隆寺像がある。巨大な中尊、千手観音像の両脇に、風神・雷神とともにまつられているのだが、肥満した体躯をもつ室町時代作のもの、扁平なつくりの江戸時代作のものに混じって、痩身の像が三体あり、これらはほかの像に比べて古様を示す。いずれもクス材で、等身よりもやや小さい。《中略》製作時期をいつ置くかは、地方性をも加味して考えなければならないが、確かに藤原風を感じさせる。

ここでは、観音に仕えるこの脇侍群として二十八部衆にもっと注目していいと指摘している。確かに大きなみ仏さまにばかり目が行くのに対して、この二十八部衆の方は数でもって威示しているようだ。

その一人ひとりの部衆の像をよく観て行くと、どうも手や腕の動きが気になって仕方がなかった。よく見ると一人ひとりの手は全く同じではないのだ。

その手がまるで、ロボットの機械のようにコキコキとして今にも動きそうな姿勢なのだ。そこに何とも言えない滑稽さを感じてしまう。今にも動きそうなゼンマイ仕掛の人形のように思われて仕方がない。その上、個々の像の手や腕、腰や脚がただの一つも同じでないから面白い。手や腕の欠けたものは哀れを感じさせる。

背は一五七センチ～一七五センチとほぼ現代人と同じようだ。左右の壇に五段に並んだ晴れ姿は見ものだ。

会津では、これほど大きな像がすべて集められているのは稀である。

これは推測だが、この巨大な観音さまにふさわしい従者の像をあちこちから集めてきたように思われる。そのせいか、その像は、時代といい、形態といい、バラバラだが、像群としてまとまると、凄い威力となるようである。

茅葺の観音堂は、建久年間（一一九〇〜九九）の建立で、慶長十六年（一六一一）の会津地震で倒壊したが、六年後には蒲生氏の助力により修復している。

なお、「会津大津絵」の歌詞の一つに

古木の囲む塔寺に　　立たせ給へる観世音
会津平を下にみて　　高き御徳の御身丈は
二丈八尺日本一　　深きお慈悲はお姿に
四十二本のお手の元　　遠近人の絶え間なく
願いこと　　尊き菩薩の御利益で
抱き付き心願する時は　　家は栄えて子は出世

とある。当時の立木観音のありさまがうかがわれる歌の文句である。

また歌手の故、春日八郎は、この寺に関係が深い。この寺の近所に住んでいた縁で、先々代の住職はいろいろ面倒をみていたらしい。父親は、蕎麦打ちの名人で、母親は裁縫の名手であった。八郎の少年時代は大変な腕白で、先代の住職、正盛さんはいつも八郎の家来にされて、遊びに付き合っていたという。境内で、石の地蔵さまの頭で砲丸投げと称して遊んでは住職に叱られていたという。

二十八部衆像

歌手として食えるようになってからは、帰郷するとこの寺に必ず寄って挨拶していったという。苦労して大成した八郎は、世話になった人をとても大事にする人だと町の人たちは口々に言う。幼い頃にこの寺の住職にさんざん迷惑をかけたことは一生忘れなかった。

この寺の丸柱を「抱きつき柱」というのは、この丸柱に抱きついて心願すれば何事も叶うというので、たくさんの人々が争って抱き付いたことから付けられたという。

恵隆寺の歴史は、六世紀に中国の梁から来た青巌という僧が高寺山に庵を結んだといういわゆる「高寺伝説」に遡る。舒明天皇六年（六三四）、平地におりて寺院を建て、建久元年（一一九〇）に現在地に移した。

瑠璃光山　調合寺〈上宇内薬師堂〉（曹洞宗）

会津坂下町上宇内

会津三大薬師尊の宇内薬師

調合寺の名は知らないけれど、「宇内薬師」の名は会津ではよく知られている。この薬師さまは勝常寺（湯川村）・中善寺（喜多方市関柴）と並んで会津の三大薬師如来と呼ばれているお薬師さまなのである。これらは、最も誇るべき会津のみ仏だ。

いずれも坐像で、国宝と国指定重要文化財に指定されている。だから一日で三薬師を巡る会津の仏像拝観の旅はまさに会津の仏像の旅を巡る魅力あるコースとなる。仏像の拝観には全体の印象とパーツごとの感応を大事にしたいものだ。

上宇内薬師堂の木造薬師如来坐像は、欅の一本彫りで通肩の袖衣をまとったどっしりとした威容を示している。勝常寺の薬師如来坐像に通づるところがあるが、衣文の彫りが浅いため平安時代中期のものといわれている。この薬師如来坐像は、像高が一八三㌢と高く、鼻に膨らみがあって、唇は上唇が薄く鼻の下はやや広く感じる。頬はやや下ぶくれで親しみがあるため、「よく来てくださった」と語りかける様子がしてホッとする仏さまだ。

この像には所々に補修があるが、大柄で力感のある姿には圧倒されるものがある。

上宇内薬師堂には、他に、薬師如来の脇侍の日光月光菩薩（県重文）と等身の虚空蔵菩薩、聖観音菩薩立像（県重文）が安置されている。木造十二神将立像五躯（町重文）がある。その内、四躯は邪鬼を踏んで、一本の木で繋がっていることから、元々は四天王ではなかったかともいわれている。

県指定重文となっている古絵馬が六面、上宇内薬師堂に納められている。元禄から宝永年間（一六八八〜一七一一）の年記のあるもので保存状態も良い。参詣図、天女図二面、三番叟図、見返り美人図、一ノ谷敦盛図などの六面が堂内に掲げてある。一見すべきものと思う。

木造薬師如来坐像

伝承によると、大同年間（八〇六〜一〇）徳一大師が恵隆寺の東方仏として、木造薬師如来坐像と脇侍の日光・月光菩薩を高寺三十六坊の一つである「調合坊」に安置したという。

のちに、高寺が廃されて瑠璃光山調合寺として独立したが、堂宇の腐朽甚だしく荒れてしまった。その頃、小田原の商人の道安という人が諸国

邪鬼と像とが一木でつながっている木造十二神将立像

を旅して、たまたま会津のこの上宇内を訪れ、慶長の大地震で被害を受け、仮屋にあったこの薬師像を見て何とか再興しようと熱心に村々を回り勧化に勤めた。

　いずれも青津の浄泉寺の所有である。

　浄泉寺は「亀が森古墳」の近くにある、青津の舘主だった生江主膳の菩提寺でもある。境内には漢方医で、斎藤養元（一八〇六〜八七）の業績を讃えた「斎藤養元先生之石碑」が建てられている。会津藩の御典医であり、漢学塾を開いて地方の文化教育に力を注いだ医師である。

叶山　願成寺（浄土宗）

喜多方市上三宮町

奇跡的に残る「会津大仏」と多念義派の寺

願成寺は「会津大仏」として親しまれている仏像がある寺である。二四一センチの大きな木造阿弥陀如来坐像の姿には圧倒される。しかも、金色輝く千体仏を化仏とした舟形光背《ふながたこうはい》をバックにした姿は、壮大で荘厳だ。さらにそれにふさわしい脇侍が、その威厳さを増幅させている。向かって右に観音（一一八・五センチ）、左に勢至（一三〇センチ）の両菩薩像が安定感を呼ぶ。

今は庭園の西側の大佛堂の中に納められている。ガラス越しではあるが、いつでも拝観できるのがよい。この阿弥陀三尊は坐像としては県内随一の大きさである。会津の仏像の中でも偉容を誇るものとして見逃すことのできない仏像であろう。国の重要文化財に指定されている。

本尊も立派だが、両脇侍の座り方に目がゆく。坐像の場合は、脇侍も本尊と同様に結跏趺坐になっているものが一般的であるが、ここではやや前かがみで膝を折って座っている。この姿勢は、いかにも阿弥陀さまにお仕えしているという素直なお姿に、見る者を不思議と微笑させられる。

この三尊は、部分的には藤原様式だとも思われるが、鎌倉初期の作とみるのが妥当のようである。

この三尊は保科正之の時、入田付の光徳寺の僧、行誉が入山して願成寺を再興した後、寛文八年（一六六八）に隣村の中村の来迎寺に安置されていた三尊を藩の命により、願成寺に移し賜ったものと伝えられている。

　願成寺の山門は残存している会津の山門の中でも堂々としたもので、江戸中期の建築物である。山門の中央一間が通路となっている。二階は高欄づきの回縁《まわりぶち》を廻している。全体に唐様建築であるが、華やかな建物となっている。なお、一階の斗栱《ときょう》（柱上で軒を支える部分）の空間には彩色されていたであろう十二支の像や三猿や二十八部衆、七福神の彫刻を配している所は、あまり例がなく興趣をそそるものがある。

　この寺は嘉禄三年（一二二七）に浄土宗四流のうち、多念義派の元祖、隆寛《りゅうかん》によって開山された。隆寛は、初め天台宗を修めていたが、法然房源空の教えに導かれ『選択《せんちゃく》本願念仏集』の伝授を受けた。定照の「弾選択」に

会津大仏といわれる木造阿弥陀如来及両脇侍坐像

対して「顕選択」を著し論破したことから安貞元年（一二二七）専修念仏を広めた中心人物として、天台宗の定照におとしいれられ、奥州加納庄に配流されることになる。このとき、領送役の毛利西阿季光の計らいで門弟の実成《じつじょう》房を遣わし、自分は相模の飯山にとどまった。

堂々とした風格のある山門

ところが、隆寛は高齢と長旅によってその飯山で亡くなる。齢八〇歳だった。実成は遺骨を会津へ持ち帰り、隆寛律師が法然上人から頂いた阿弥陀仏を本尊として一寺を建立した。それが願成寺の始まりである。現在、喜多方市上三宮町廟山の地は隆寛律師の御廟となっている。

この寺では、阿弥陀仏が極楽から迎えに来る光景を再現する法会が行われている。この行事を「練供養会《ねりくようえ》式《しき》」という。そのときに付けた仮面を行道面といい、現在そのうちの六面だけが残っている。二面は鎌倉期、四面が室町期のものといわれ、県の重要文化財に指定されている。

庭園はきれいに整備され、静寂なひとときを堪能できる寺でもある。そして、浄土宗の名僧、隆寛律師を偲ぶにふさわしい雰囲気を醸しだしている。

金光山　薬師寺（真言宗）

南会津町田島

微笑ましい朴訥なみ仏二躯

仏さまは、拝むのもよし。鑑賞するもよし。すべて見る人、接する人に心をゆだねます

これは、最初に初めて薬師寺を訪れた時の住職の白鳳栄海さんの言葉だった。はにかみながら、ぶつぶつ言う言葉が印象的だった。飄々として、まるで心地よい春風がたなびくような住職さんだった。何かというと、権威主義により、仏像に必要以上に近づけない寺が多い中で、異質なものを感じ取ったのだった。

この寺には、私の好きな仏さまが二躯ある。まず、「木造阿弥陀如来坐像」だ。この仏さまを私は「微笑み阿弥陀さん」と呼ぶ。ささやかな阿弥陀堂で対面する。

高さ八三センチ、やや小柄だ。開いているのか、つぶっているのか、わからない切れ長な目。唇はすこし歪んで見えるところ、そして、頬のふっくら感から、ほんのりと微かな笑みが生まれて来るのだ。少し角度を変えて眺めてみると、その微笑みがかすかに強弱を感じるから不思議だ。そのたびに

感動が変化するから面白い。時が経つにつれて、人間臭い感じもしてくる。

仏像ガールこと、廣瀬郁美さんは『感じる・調べる・もっと、仏像の本』（山と渓谷社）のなかで、「仏像の目がどこを向いているのか、仏像と目の合う場所を探してみましょう」と述べている。確かにみ仏と目がぴたりと合ったその瞬間に喜びが込み上げてくる。

そこで、この阿弥陀さまの「微笑み」はどの位置から見ると最もよいのか、近づいたり、斜めに移動したり、寝転んで見上げたりしてみた。その結果、私の場合は、顔を真近に近づけるほど接近させて、やや右横に前かがみになって見るとその微笑みとピントが合う。

木造阿弥陀如来坐像

この阿弥陀さまは、嘉元三年（一三〇五）の銘が入ったもので、この地方では造年代がはっきりしている。首も太く、全体に厚みを帯びて、面相はふくよかで、まるで、人々への慈愛を慎ましやかに伝えるかのようだ。男性なら、こんな女性に参ってしまいそうな微笑みだ。また、一緒に座っているとま

木造薬師如来立像

すます親愛感がいつの間にか湧いてくる。

もう一つの仏像は、本尊の「木造薬師如来立像」である。両手が欠けていたが、補修された。

下半身が長く、像高は一五八センチの背の高いスマートなお薬師さまだ。ところが、お顔は彫りも荒いが、鼻筋が太く、頬はややふっくらと丸みがかっている。そこが何とも言えない子どもっぽさを感じさせている。そこからくる表情は実に親しみのある庶民的な雰囲気が漂う。

それが、地方仏の作風を表しているといわれる所以でもあろう。そのうえ、衣文の彫りが浅く平凡なので、それほど緻密な技巧は感じ取れない。しかし、その素朴な様子は愛すべきものがある。それは、上唇が刻線で刻まれて下唇が受け口からなのだろう。

頭部は螺髪を省略した、肉髻なのでまるでシャッポを被っている感じがする。非常に親しみがあり、飾りっ気がないのがいい。また、小豆色の八頭身の身体全体は威厳さを表していないが、見る者に安心感を持たせている。

この薬師さまは「飛来されたお薬師さま」と呼ばれている。伝説では、下野薬師寺より飛来してきたと言われているが、どうも地元で彫られたのではないか、とも言われている。像内の墨書銘が発見されて、「奉造立薬師如来大檀那源頼資建治四年（一二七八）大才戊寅三月廿六日己酉筆師覚性」とあるところから、銘の入った仏像としては南会津地方でもっとも古いものとされている。

これに似た薬師如来は下郷町弥五島の萬願寺にある。比較すると、こちらの方が荒々しく螺髪でもあるが、朴訥さにかけては薬師寺の方がはるかに上である。頑な威厳さを少しも感じさせない。また、胸から脚にかけて直線的に流れている身体は大きく、強調されている。しかもそれは作為的ではなく、自然に造られたのだから、純朴さが滲み出てくるのだろう。

田島は大火に遭っていながら、み仏たちがよく残ったものだと思う。それは歴代の住職や檀家の人たちにより、心の支えとなっていた、この仏さまを必死になって火事場から救い出したのだ。その結果、大小の約四五躯の仏像を見事に守り通したのだった。

このお薬師さまは補修されてきれいになったが、昔の姿が変に懐かしくなるから不思議だ。他に、木造四天王立像二躯（広目天・多聞天）は平安末期ころの特色を持つというが、江戸期のものともいう。脇侍の日光・月光の両菩薩は本尊、両脇侍ともに年代は別々である。

薬師寺は下野国結城の薬師寺の僧、鎮聖（領主長沼政則の三男萬千代ともいわれる）によって安貞二年（一二二八）に建てられたのが始まりである。長沼一族の氏寺的存在で、長沼氏の庇護のもとに領国安泰の祈祷を行った寺である。

この寺で大事に守られたこの仏さまの二躯は、その地方色の強い朴訥な気風を持つ仏さまとして、住職・檀家たちに見守られながら、我々の拝顔を招いているような気がしてならない。

広田山　法幢寺（浄土宗）

会津美里町字法幢寺南

阿弥陀三尊が本堂を造った

法幢寺の阿弥陀三尊が国指定重要文化財（戦前は国宝）になったのは意外な所から話が飛び出したからである。昭和三年（一九二八）に文部省の調査員が伊佐須美神社に来たついでに、法幢寺の「大黒天」が運慶の作かと言われていたので、ぜひ見てみたいとこの寺を訪れたことによって、意外な方面に展開していったのである。

つまり、最初からこの阿弥陀さんを調査する目的は毛頭なかったのである。帰りがけに本尊の「銅造阿弥陀如来及両脇侍立像三尊」を拝んでそのお顔をみているうちに何か感ずることがあったのか、持ち帰って検査・調査してみたいということになったのである。

当時四八世の高山郭應住職を始め、檀家の人たちもそれほど期待していなかった。ところが、翌昭和四年四月六日、「文部省告示、第一七九号甲種四等」で国宝に指定するとの通知が飛び込んできたのである。これには寺関係者たちは頭が真っ白になってしまった。

辻善之助氏を中心とした文部省の宗教局で慎重に調査した結果、鎌倉期の銅造の「善光寺如来」の中でも非常に優秀な作品と太鼓判を押されたのである。中尊の背面に次の銘が刻まれていたこと

が決定づけたのである。その銘は

　奉鋳金銅善光寺阿弥陀如来　右志者為父母二親并常願
　藤原氏乃至法界平等利益也
　建治貳年丙子二月時正初蕃

とあった。「時正初蕃」とは彼岸の入りのことである。

一光三尊像で、中尊は四八・八センチ、両脇侍はいずれも三六・一センチで向かって右が勢至菩薩、左が観音菩薩であるが、配列が置き換えられているのは珍しい。中尊は横から見ると前方にやや傾いている。いわゆる来迎型になっていて、脇侍とともに神々しさが漂っている。

銅造阿弥陀如来及両脇侍立像三尊

昭和四年六月、会津高田駅には法幢寺の檀信徒とその家族がひしめき合って集っていた。阿弥陀さまのお帰りを迎えるためにホーム一杯に列車の到着を今か今かと待っていたのである。そのとき、法幢寺は火災で焼けていたため、仮本堂であった。そこで、檀信徒たちは国宝の仏さまの本堂がないとはとんでもない、と言って早速本堂再建にとりかかった。

翌昭和五年五月に本堂が完成し、さぞかし阿弥陀さまも苦笑されたとか。そこで、誰いうとなく「阿弥陀さまが建てた本堂」ということになった。その後、戦後になってこの阿弥陀三尊は昭和二十五年に早々と「国指定重要文化財」となった。心温まる良い話である。

『新編会津風土記』によると、法幢寺は明応三年（一四九四）、玉誉上人の開創。三世智鏡上人の時、文亀三年（一五〇三）伊佐須美神社炎上の際、贈爵の綸旨を失った。そこで、智鏡は田中道綱、藤田左衛門らと再興を図るため天文二十年（一五五一）春、京に赴き正一位の綸旨を賜り扁額を授けられた。

二年後、智鏡上人は悪疫流行を救おうとして文珠堂の左の入口に穴を掘って生きながら棺桶に入り「鉦を鳴らし死に至るまで唱言すべし、鳴唱ともに音無きにいたらば土を掩《おお》って之を埋めよ。吾寂するの後、穴中にて唱へしは何事ぞと人問はば、中臣の祓いなりと答えよ」と言ってその「捨身往生」を遂げた。今その場に五輪塔がある。そこを智鏡塚という。

百日紅の大木

大黒天は二〇〇センチ、旧暦九月九日が祭日で開帳される。境内には樹齢一〇〇〇年以上といわれる百日紅《さるすべり》があり、八月になると見事な花を咲かせる。墓地には佐治幸平や漢学者、栃城南崖の墓がある。前住職の故高山哲應師は中学時代三段跳びの選手として活躍していた。

佛地山　成法寺（曹洞宗）

只見町梁取

豊類で整ったお顔の聖観音

只見町の梁取の西はずれにある成法寺《じょうほうじ》は、観音堂が有名である。観音堂は、茅葺寄棟造で三間四面、回り縁のある御堂である。その建築様式は、和様と唐様とを交えた建物で、南会津地方では珍しい室町期の建物である。

会津には、国の重要文化財に指定されている観音堂が六か所ある。下郷町中妻の中ノ沢観音堂、西会津町出ヶ原《いすがはら》観音堂、会津美里町の冨岡福生寺観音堂、会津坂下町の恵隆寺観音堂、喜多方市の勝福寺観音堂と並んで、この成法寺観音堂も、由緒ある会津の六大観音堂の一つである。

寺の背後には険しい岩山が露岩しているが、この

成法寺観音堂

岩山が雪崩とともにこの寺を押しつぶしたという由来が伝わっている。

成法寺観音堂の建築年代は、墨書や巡礼札などによって、永正年間（一五〇四～二一）のものと推測されている。正面には「圓通閣」の額が掲げられている。

内部は総拭板張りで、来迎柱の前方長方形の一間が内陣となっている。正面の中央間に両開きの桟唐戸をつけているが、唐様の形式を示している。

木造聖観音菩薩坐像（只見町観光まちづくり協会提供）

安置されている木造聖観音菩薩坐像については、『会津寺院風土記（南会西部編）』（会津史談会）に詳しく述べられているが、それによると、来迎壁を背中にして、木造聖観音菩薩坐像が須弥壇の上に安置されている。高さ七七センチ、檜材の寄木造で、彩色玉眼入りである。肉身部には白地かかった金泥彩である。髪は高いもとどりを結い、衣文には朱・緑青・丹などの地に、切金で、麻の葉、雲分などの文様が描いてある。膝裏には次のような墨書銘がある。「奥州伊北郷梁取村成法寺、応長元年（一三一一）大歳辛亥七月廿八日大旦那藤原三河権守宗景　住持遍照金剛仏子良信　彩色少

輔公永賢　円秀」とある。

この墨書については、『会津旧事雑考』や『新編会津風土記』にも記載されている。顔面は豊頬で、目尻をやや上げた厳しさと落ち着きを保って気品を漂わせている。

この像は、この地方の仏像のなかでも極めて洗練されたもので、地方仏というには中央の作風の特徴を持っているという。会津地方では珍しい鎌倉時代の仏像として、もっと注目してよい仏像であろう。

この木造聖観音菩薩坐像は県指定重要文化財にはなっており、じっくりと拝顔してみたい南会津の仏像の一つである。村人たちは「人肌観音」と呼んで信仰している。寺の創始については、はっきりしないが、聖観音菩薩坐像の墨書銘には「応長元年七月廿八日」と記されているところから、鎌倉時代末期の頃にはすでに創建されていたとみてよいだろう。

『会津寺院縁起』には、「始祖圓秀以来今に三百六十有余年、天正年中天寧寺の法脈に属して末山となる。当寺は藤原三河守宗景大旦越としてこの禅庵を造営するなり」とある。

和泉田の郷頭五十嵐仁右衛門、仲山玄智ら九七人の同意者によって元禄十一年（一六九八）に同行者の名とともに江戸の依田五兵衛代官に願い入れたのが「御蔵入三十三観音」の始まりという。同年八月朔日、この成法寺を一番の札所と決め、南会津郡はもとより、会津美里町にまで及ぶ広範囲の御蔵入三十三観音参りが行われ、今もなお続けられている。

現在、無住だが、和泉田の大泉寺住職の神保秀幸氏が兼務されている。

快楽山《けらく》　安穏寺（曹洞宗）

猪苗代町字裏町

見事な大きな石仏の地蔵さま

観音堂の右脇に大きな地蔵さんがお立ちになっている。脇にある観音堂の建物が小さくみえる程の大きさだ。町の人々はこの地蔵を「濡れ地蔵」と親しみを込めて呼んでいる。

それは外に立って濡れているからというのだろう。「八朔地蔵」という方が古いだろうが、やはり「濡れ地蔵さん」の名の方が親密さが籠っていていい。八朔は旧暦八月一日のことで、地蔵の縁に当たる日としてつけられたのだろう。この頃は雨が多い時節で濡れた地蔵さんの姿にふさわしいと思って名付けられたようだ。

高さ、一二〇㌢《セン》の蓮台の上に身の丈、二六〇㌢《セン》の大きな石の地蔵が乗っている。錫杖を突き、宝珠を左手に捧げている。お顔は頬がふっくらとして、人々に安穏をも与えてくれる。それは、厳しい雨や雪に堪える者の持つ沈黙のささやきかけかもしれない。

このような《大丈夫》な姿は町の人気者で、地元の人々の信仰は厚い。昔は縁日に当たる旧暦八月朔日（新暦では月遅れの九月一日と決めている）には盆踊りが盛大になされていた。建立の時期は台座に向かって右の下の方に「石工　中町茂七　山三郷　國吉　七十二」という刻字がかすかに見えたが、今は判別できない。

この中町の茂七と七二歳の國吉とが共同して建てたものと思われる。この茂七は中町の小板橋久三郎家の先祖に当たり、文政四年（一八二一）に没した。これほどの大きな石仏を彫るには相当苦労したであろう。

『新編会津風土記』によると、「地蔵堂　客殿の前にあり、石地蔵を安置す。長さ八尺五寸」と記されている。『新編会津風土記』は文化六年（一八〇九）の成立なので、それより以前の作と思われる。また、戦前には勝軍地蔵とも呼ばれていた。戦勝と出征兵士の武運長久を祈って名付けられたのであろう。このように何かというと頼りにされるお地蔵さまだった。

石像濡れ地蔵

寺の創始は蒲生秀行の時、猪苗代城主だった関十兵衛が慶長の初めに開き、浄土宗の円愚を招いて住持としたが、秀行が宇都宮へ移ったので、十兵衛も会津を離れて無住となった。後、曹洞宗の僧、泉朔が中興したが、上杉が米沢に移封されたので、米沢の上杉家の菩提寺の林泉寺の末寺となって、現在に至っている。

寺宝としては「銅造阿弥陀如来立像」がある。国の重要美術品に指定されている。像高三九・一センチで像の背面に「文永八年（一二七一）辛未八月十一日　佛至正観」と刻銘されている。残念ながら両手首より先が欠けている。頭部から両脚まで一鋳造《ちゅうぞう》である。両脇侍はなくなってはいるが、両肩を覆う通肩の衣形からみて鎌倉時代に非常に流行したという「善光寺式阿弥陀如来像」の中尊である。

銅造阿弥陀如来立像

今後も、町の真ん中にある安穏寺は大きく見事な石の地蔵さまを親しむ人々によって守られていくことだろう。

戊辰の役に
縁のある寺々へ

自然山　浄縁院　融通寺（浄土宗）

会津若松市大町二丁目

由緒ある勅願寺

融通寺には慶長九年（一六〇四）後陽成天皇（一五七一〜一六一七）御直筆の「融通寺」の三文字を彫刻した勅額が保存されてある。この扁額は、縦一二五センチ、横七四センチ。後陽成天皇は学問に通じ能筆で知られた。勅願所である旨を記した勅制文も与えられている。

これは、一四世圓藝が本山知恩院の直末《じきまつ》の官寺なることを請願したことによる。おそらくは、会津領主蒲生秀行の正室の振姫が徳川家康の三女だったことにもよるだろう。秀行の子、忠郷は二〇〇石をこの寺に寄進している。

戊辰戦争の時、会津の城下へ侵攻してきた薩長土

融通寺本堂

の軍は、さすがに菊の御紋を掲げる勅願所である融通寺を焼き打ちできなかった。さらにこの寺は西軍各藩の連絡所となっていたので、辛うじて本堂だけは火災から免れた。しかし、寺の家財道具や書類などを寺の門前で焼き払われた。この寺に西軍が駐屯していた関係から、西軍の戦死した兵士たち、一五一人の遺体はこの寺に埋葬された。

この頃、城下では西軍による「分捕り」と称した略奪が頻繁に行われていた。土の中に隠していた家財道具や商売道具まで掘らせた。その捕った物を馬の背に載せて、競売する始末であった。避難して空き家になった所から捕っても捕っても捕り尽せないと、西軍の兵士たちは語っていたと、若松の商人の齋藤和節は呆れ返ってどうしょうもなかったと『耳目集』に書き留めるほどだった。ここ融通寺でもいらなくなった分捕り品や書籍類なども燃やしきれないほどだったという。この惨たらしい行為は町人たちの目を覆うほどだった。後、ここは若松県になると民政局の仮役所となった。

町野主水（源之助）家の墓所が北側奥にある。彼の祖先は蒲生氏郷の重臣であった。戊辰戦争には佐川官兵衛とともに奮戦した勇者であった。しかし、彼は家族を殆んど失った。母、妻、長男、長女は自刃し果てた。弟久吉は三国峠の戦いで最期を遂げた。一七歳の時だった。

会津戦争の時、この弟の久吉から奪った槍を次男の武馬に、「返してやってもよい」と長州の山縣有朋が傲慢極まりない態度で話をしたという。そのとき、主水は「戦場で奪われたものを畳の上で返してもらったとあっては武士の名折れだ」と言って拒否した。

主水は戦後旧会津藩士たちの面倒をよく見ていた。大正十二年（一九二三）六月九日、八五歳の高齢で病死する。葬儀に関しては「遺骸を菰に包んで槍を棺の傍らに置いて葬儀を簡素にしてほしい」と言い残して逝った。

そんな戊辰戦争の跡を引きずっている融通寺の歴史は康安元年（一三六一）の開山。融通念仏宗の開祖、良忍の弟子の浄縁の開祖である。初め八葉寺村（現会津若松市河東町冬木沢）の地に一宇を建立する。

康暦元年（一三七九）葦名直盛は初め、二井寺村（飯寺）の西北にあった。後、小舘（会津若松市本町）に移り、文禄元年（一五九二）には第一三世の住持文誉が蒲生氏郷に願い出て現在地の大町に移転した。

家康の娘、振姫は豊臣秀吉の命で蒲生秀行に嫁ぐが、重臣、岡半兵衛重政が権勢をほしいままにしていた。家中の不満を抑えきれなくなって、振姫は家康に訴え、半兵衛は家康によって斬罪される。夫、秀行は心労で三〇歳の若さで病死。跡を継いでまだ一〇歳の忠郷を残して、父家康の命で和歌山藩主の浅野長晟と再婚させられてしまう。

戊辰戦争の時は、岩倉寂禅という者が住職であったが、還俗して戦いに参加していた。そのとき、末寺の岳順がこの寺で駐屯していた西軍の戦死者の回向を強制させられた。明治二年（一八六九）四月には西軍の墓石が建てられた。翌年には招魂碑を建てた。後、福島市にあるものと合葬されたので墓地だけが残された。

融通寺は勅願寺であったが故に焼失から免れたが、西軍の屯所として西軍の命令を聞かざるを得なかった寺の立場も苦しかったようである。

祥雲山　善龍寺（曹洞宗）

会津若松市北青木

会津戊辰戦争を偲ぶにふさわしい寺

毎年五月一日は「奈与竹《なよたけ》墓前祭」が行われる。ここ善龍寺にある「奈与竹の碑」の墓前で多くの人が集ってその霊を弔っている。会津女子高校（現葵高校）では毎年舞踊部が薙刀をもって、踊りを奉納している。

この碑は戊辰戦争後六〇年にあたる同じ戊辰の年、昭和三年（一九二八）秋に嫋竹会《なよたけかい》によって建てられたものである。

正面の刻字は、松平容保の五男、保男の筆になるものである。奈与竹とは、戊辰戦争の折、自刃した藩老西郷頼母の妻千重子の辞世の歌、

なよ竹の風にまかする身ながらも
たわまぬ節はありとこそきけ

奈与竹の碑

によるものである。その辞世の歌碑がその碑の前に建てられてある。

碑の裏には「明治元年戊辰秋殉難会津藩婦人」として実に二三三人の婦女子の姓名と続柄が刻まれてある。自らとその家族たちの命を絶った女たちの姿を想像すると、涙なしには仰ぐことができない。

ここ善龍寺の東の裏山にある墓域には西郷頼母とその妻千重子の墓があり、正面に「保科八握髯翁墓」と「室飯沼千重子位」とを並べて刻んである。その少し上には家族とその一族が自刃した「二十一人之墓」がある。

西郷千恵子の家族と一族が自刃した二十一人之墓

西郷頼母は藩の家老として一三〇〇石を賜っていた。藩主松平容保に戦争を強く反対しその後、数奇な運命に弄ばれた。明治三十六年（一九〇三）まで生きながらえたが、不幸な家老であった。

その他、善龍寺の墓域には会津藩五流の一刀流溝口派の最後の伝道者である和田晋の胸像を始め、神道精武流の小笠原長政など、太子流の中林尚堅などの剣士の墓が多くある。

さらに伴百悦などの多くの会津藩士たちの墓所が散在し、裏山と地続きになっている大窪山にかけて旧藩士たちの墓が藪の中に見受けられ、まるで江戸期の会津藩士の幻に会うかのようである。

ここ善龍寺は、寛永二十年（一六四三）、保科正之が山形から国替えとなって会津に移ってきた時、山形の長源寺の七世の泉海が若松城下花畑に寺を建てたという。

当寺は信州高遠の保科家の元祖、筑前守正則の霊を守る保科家の菩提所として栄えていた。その後会津における曹洞宗の僧録として重きを置いていた。

中興の僧として善龍寺の一一世大雄得明《だいゆうとくみょう》和尚が有名である。得明は南山の湯原（現湯野上）の農家の生まれで、熱塩村（現喜多方）の示現寺の謙嶽秀禅を師とし、会津坂下町の定林寺からこの善龍寺に入山している。

ここで得明は大いに徳業をあげて寺の再興に尽力する。境内の七堂伽藍の整備を行うが、戊辰戦争ですべてを灰にした。ただ彼の建立した中では山門のみが現存している。この白亜の山門は鮮やかで遠望される。楼上には西国三十三観音像がコの字型に並んで安置されている。

龍宮城を思わせるような白亜の山門

得明の業績としては産子養育に功績をあげたことである。村中から米を供出させ、それを囲い米として備蓄し貧困な産婦に与え「陰殺（間引き）」をさせないようにした。その結果藩公からしばしば褒美を授かる。このような人口増加政策や小児教育に力を注いだ傑僧であった。
会津戊辰戦争の面影を残す墓所が多く存在しており、往時を偲ぶにふさわしい寺である。

正覚山　十却院　阿弥陀寺（浄土宗）

会津若松市七日町

埋葬を許されなかった遺体

会津戊辰戦争の傷跡を引きずっている寺は、城下には数多くある。ここ阿弥陀寺は、会津藩士たちの戦死者が埋葬された寺として会津人にとって忘れることのできない墓所である。一か月にわたる籠城戦で戦死者を埋める場所もなく、城内の空井戸に投げ込まれていた。内堀は死体の山であった。さらに、城下での戦いで亡くなった遺体は散乱していたが、賊軍の名のもとに遺体埋葬は勿論、手を触れることさえも許されなかった。薩長を主とした西軍のこの仕打ちは死者を冒瀆する嫌がらせとして会津人の心底に宿怨を抱かせた。

翌明治二年（一八六九）二月十四日になってようやくこの阿弥陀寺と長命寺に限り埋葬を許された。阿弥陀寺の境内に八間四方の大きな穴を掘り、棺に入れられることなく積み重ねて埋められたのである。

西軍が城下に侵入した八月二十三日の一年後の同じ日に、多くの僧侶が集まり法要が営まれ、参会者の涙をさそった。

今は東西七間（一二・六メートル程）、南北八間、高さ五尺程の壇を石垣で巡らしその上に戊辰戦争の

御三階

責任をすべて被って自刃した、萱野権兵衛（長修）の遥拝碑が建てられている。その碑文は、正面の「会津藩相」の字は松平容保の筆、「萱野長修遥拝碑」はその子容大《かたひろ》の筆、撰文は南摩綱紀である。藩主父子の心の籠った筆は、会津人にとって、権兵衛の辛苦の心情を思わずにはいられなかった。明治十年（一八七七）の西南戦争で戦死した佐川官兵衛始め旧会津藩士の霊も合祀してある。

もう一つ、お城の面影を留める建物がこの寺にある。それは「御三階」である。明治七年（一八七四）鶴ヶ城の取り壊しが行われ、城は石垣と堀が残るだけとなってしまった。その三年前（明治四年）にお城の遺構である「御三階」が城の形見としてこの阿弥陀寺に移された。

この「御三階」は実際には四層になっている。二層と三層との間に中三階と呼ぶ天井の低い部屋がある。二階に上がる階段は上ると音が出る仕掛けで作られていた。また、三階への階段は取り外しができるようになって、用のない者は上れないようにしていた。だから秘密の会議が洩れないようにできていた。

お城では、本丸の御寝所の東庭にある石垣の上に立っていた。本丸の建物の中でも高い位置にあり、展望台のような役割を果たしていた。鶴ヶ城の特別な遺構として貴重なものであり、残しておきたいものである。

寺の入口の左側には高さ六尺、直径七尺の台石が残っている。この台石の上には「奉請廬舎那仏鎮座」と記された木標があったが、現在はない。この大仏は明和四年（一七六七）会津の鋳物師、早山掃部介伴次が鋳造したもので、青銅製で蓮華座からの高さは約三六〇《セン》チもあったという。

この大仏は始め飯盛山の正宗寺（現廃寺）にあった。戊辰戦争の時、西軍の兵隊たちが乱暴にもこの仏を解体して荷造をして売るために持って行こうとした。そのとき、西軍の将校がやってきて「神仏に手をつけるとは何事だ」と言って止めた。七日町の鍋屋が買い取って鍋にしようとしたところ、大仏が夜になると唸り声をあげると評判になり、解体した仏を継ぎ合わせて阿弥陀寺に安置したという話が伝わっている。この大仏も戦時中、供出され今はない。

寺の開基は慶長八年（一六〇三）である。家康の娘、振姫が蒲生秀行に嫁いだ頃である。下野生まれの良然《りょうねん》が蒲生秀行の援助を受けてこの地に修行道場の寺として開山した。このとき、若松の町検断をしていた倉田新右衛門が後援者となって寺の創始に尽力した。この縁で本堂前に五輪塔が四基並んでいるが、大きい方は、承応元年（一六五二）に倉田新右衛門の孫の横田俊益《としますが》父母のために修復した時に建てられたものである。

寺の辺りは、越後街道筋の賑やかな町並みであったので、昔から春のお彼岸の中日にはこの寺で、東神指の彼岸獅子が境内で最初に踊ってから城下に出て行った。

戊辰戦争での会津藩士戦死者の墓前祭が毎年二回、春四月二十三日、秋九月二十三日に行われる。戊辰戦争の名残が色濃く残る阿弥陀寺である。

無量壽山　長命寺（浄土真宗　真宗大谷派）

会津若松市日新町

戊辰戦争の跡、色濃く残る寺

寺の応接間に案内されると、「ケー、ケィ、ケィ」という鳴き声にびっくりする。檻に入っている鳥である。「家の孫が巣から落っこちていた鳥の子を拾ってきたのです。可哀相だからこのように檻の中に入れて育てているのです。もう少し経ったら離してやります」と住職さん。

門前には「戊辰戦役会津藩士戦死者の墓」という石碑が建ててある。ここ、長命寺の辺りは戊辰戦争で越後と会津若松城とを結ぶ重要地点だった。七日町の阿弥陀寺から攻めてきた西軍と、猛将、佐川官兵衛を主

格式の重さを表す白線のある土塀にぶちぬかれた砲弾痕（修復前の旧土塀）

将とした会津軍との間で、猛烈な市街戦の場となったのである。

本堂は勿論、由緒ある塀（本山格の寺だったので、白い五本の定規筋と呼ばれる横線が入っている）も砲弾の弾痕を留める無惨な姿を呈していた。昭和三十九年（一九六四）六月の新潟地震で傷んだ塀はさらに崩れ落ちて、戊辰戦争の名残を留める面影がなくなってしまった。平成四年（一九九二）十月に再建されたが、昔の姿は消えてしまった。

この戦いで、会津藩士、一七〇余名が戦死したという。戦いが終わっても死屍累々と丘をなすありさまであった。しかも、次第に腐乱していく死骸の姿を見るに見かねて、時の一四世住職、幸證が明治元年（一八六八）の暮れに土饅頭にして埋葬したという。

明治二年（一八六九）に市内外に散在していた戦死者たちを寺院に埋葬することを町野主水たちが嘆願したことにより、阿弥陀寺とこの長命寺とに限り二月十四日から葬ってよいとの許可が下りたのである。

そこで、長命寺の墓域には東西一間半、南北三間の約四坪半の深い穴が三つ並べて掘られた。ところが、運ばれたおびただしい死骸で、すぐ一杯になってしまったという。ようやく埋め尽くしたが、墓を建てることは許可されなかった。

明治十一年（一八七八）四月になって、志田右一郎外、七五人の有志により、新政府への思惑もあって、名を刻むことなく「戦死墓」とだけ記し、石碑を建ててその霊を慰めたという。裏に説明文あり。

毎年春四月二十三日、秋九月二十三日には、弔霊議会の主催により一〇時から長命寺で、一一時からは阿弥陀寺で墓前祭が続けられている。

本堂は、明治二十七年（一八九四）の火災で焼け、昭和四十二年（一九六七）に現在のものが再建された。墓地は昭和の始めと、終戦後に整理されているので、古い墓は残されていない。会津藩の兵制改革に功績のあった、生駒直乾の墓もここにあったが、最近、子孫の方が片付けて東京に移されたという。

寺の由来は、慶長十年（一六〇五）、真宗大谷派、東本願寺一二世教如上人が蒲生秀行に請うて、甲賀町に別院として創立したのが始まりである。寛文年中（一六六一～七三）に現在地に移転、山形・最上の泉徳寺の幸甫が開山した寺である。

長命寺「戦死墓」

宝光山　妙国寺（日蓮宗）

会津若松市一箕町八幡

白虎隊士の自刃と妙国寺

妙国寺は白虎隊士の遺体を最初に埋葬した所として知られている。滝沢村の肝煎、吉田伊惣治は未だ年若い白虎隊士の無惨な遺体を見て同情して近くの妙国寺へ運んだ。ところが融通寺にいた西軍に連行されてしまう。当時、会津藩の戦死者の遺体は西軍の命により埋葬はおろか手を触れただけで罰せられていた。

伊惣治は厳しい取り調べを受けて留置されてしまった。その行為に村人たちは憤慨して西軍の事務所に押しかけ許しを乞うた。その結果、伊惣治は許される。その後、妙国寺の遺体を掘り起こして自刃地の飯盛山へ改葬されたのである。

妙国寺本堂前景

このような西軍の仕置きは会津人の心を大いに傷つけた。死後まで酷い仕打ちをする行為に対して会津人は後々まで薩長への怨みを持ち続けるようになるのである。

今、寺の境内には「白虎隊士自刃仮埋葬地」の碑とその奥に「殉節白虎隊士之霊」の碑が建てられている。明治七年（一八七四）になって、ようやく白虎隊士一九名の墓碑が飯盛山に建立されたのである。同十七年（一八八四）には旧藩主松平容保の出席の下、十七回忌が営まれた。そのときに記念して佐原盛純が「少年団結白虎隊」で始まる漢詩を作った。現在もその漢詩による白虎隊士の供養に、会津高校生による剣舞が春、秋の彼岸に奉納されている。

「殉節白虎隊士之霊」の碑

若松城明け渡しの後、藩主父子と家老たちが一か月、この妙国寺で三〇〇人の備前・土佐の藩士に守られ処分を待っていた。このように会津戊辰戦争の傷跡を残している寺の一つである。

藩主容保の養子の喜徳《のぶのり》は「慎独」の書を残して実家の水戸へ帰っている。喜徳はこの戦争で誠に悲運の主として養父の容保に先立つこと二年前に三七歳の若さで逝去する。誠に哀れな姿であった。

ここ妙国寺は日什《にちじゅう》上人の誕生、入滅の霊場である。会津生まれの名僧の一人である日什は、葦名四代盛宗の娘、清玉の子である。母清玉が正和三年（一三一四）四月二十八日、近くの八幡宮参詣の折、急に産気づいて産み落した子であるという。そのとき使った井戸を「うぶ清水の井戸」と言い、今でもその跡地が寺の飛び地である会津学鳳高校内の辺りに残っている。

一九歳の時、出家して玄妙と名乗り、比叡山で修行し会津に帰ってくる。時に五八歳であった。初め天台宗であったが、日蓮上人の『開目抄』・『如説修行鈔』を読み感動し、六六歳の高齢の時、日蓮宗に改宗して名を日什と改めた。

窪田哲城氏は「三十年にわたる真剣な求道勉学と熟慮であった」（『日什と弟子達』）と述べるが、この改宗に関してははっきりした理由がわからない。

後、後田融天皇より布教の勅許を頂き「顕本法華宗」の基礎を築いた。明徳三年（一三九二）二月七九歳で没した。その後、弟子の日仁が荼毘《だび》に付してこの地に庵を結んだのがこの妙国寺の始まり応永元年（一三九四）。開山の日什上人の霊廟が本堂の西に在る。

ここ滝沢は飯盛山の裏手には名瀑の白糸の滝が落ち、その水の流れくることから、この地を「滝沢」と名がついたのである。寺の東に江戸への白河街道が続いている。近くに旧滝沢本陣があり、ここは交通の要路にあたっていた。だから、会津藩主が参勤交代や領内巡視の往来する時にこの旧滝沢本陣で、着替えや休息所として利用していた。

金剛山　恵倫寺（曹洞宗）

会津若松市花見ヶ丘

哀しみの声の聞こえる柴一族の墓域

恵倫寺《えりんじ》は曹洞宗の寺である。新しい山門が建てられている。天寧寺、善龍寺と並んで会津領の曹洞宗の僧録司として重きを置いていた。蒲生氏郷、加藤明成は一〇〇石を寄付し葦名盛時には広い伽藍のある寺として有名であった。初め郭内の米代にあったが、慶長十七年（一六一二）に現在地に移された。

客殿には蒲生氏郷の父、賢秀《かたひで》の位牌「恵倫寺殿天英輪公大居士位　天正十二年四月十七日」が安置されていた。本尊の聖観世音菩薩立像は前方に両手を伸ばし、前傾姿勢の尊像

恵倫寺の山門と本堂

で、人々を救済する慈悲の姿を表現しているという。

この寺は悲劇に包まれた柴家一族の菩提寺としても有名である。恵倫寺の墓域の細道を辿って行くと、桧葉の木立に囲まれた寺の墓地の中央には「柴氏家属之墓」がある。そこの墓碑銘には「明治紀元戊辰八月二十三日、敵が城下に迫り柴家の一族は皆自害し果ててしまい、その死を悼んで、恵倫寺住職盛道がこの墓石を建てる」とある。

背後の小田山の中腹から西軍は城に向けて砲弾を激しく浴びせた場所である。この付近は会津戊辰戦争の戦場となって悲惨を極めた所でもあった。自害したのは、祖母つね、母ふじ、長兄太一郎妻とし、姉そい、妹さつの五人であった。結局、戊辰以後まで生き残ったのは父佐多蔵と、長男太一郎、三男五三郎、四男四朗、五男五郎であった。奇しくも男たちが生き延びて、二女のつまを除いて女たちがすべて亡くなったのである。

このとき、病に臥せっていた四朗に対して母は四朗を無理やり起こして、衣服を整えさせ、お城に入ることを命じているが、四朗は顔面蒼白、歩くこともやっとだった。

母は、「いやしくも武家に生まれた者ではないか、柴家の男子なるぞ、急ぎ父のもとに参じて家の名を辱むるなかれ」と言い、祖母は「あの世で待っているよ」と送り出した後、家族全員が自刃したのである。

墓石群の一隅に「柴四朗夫妻の墓」がある。四朗はアメリカ留学後、明治十八年（一八八五）三二歳の時に帰国した。時に鹿鳴館時代で欧化主義の真只中であった。四朗は米国滞在中、欧米のアジア侵略が着々と進んでいることを目の当たりにして、日本の浮かれた欧化主義の騒ぎに憤慨した。

そこで、彼は小説形式によって訴えようとした。それが『佳人之奇遇』という作品であった。ところが、その小説の趣向が時代にマッチして大受けするという皮肉な現象を呈してしまった。柴四朗の文名、東海散士の名が大いにあがり、憂国の士として時代の寵児となってしまったのである。その初篇の「自叙」に「散士幼ニシテ戊辰ノ変乱ニ遭逢シ、全家陸沈流離、其後或ハ東西ニ漂流シ或ハ筆ヲ投ジテ軍ニ従ジテ…」とあり、会津の亡国の悲憤を強調している。

徳富蘇峰はこの書を「文字を読む程の者は皆読んだ」と言い、中に書かれている漢詩は、当時の書生たちの間で流行し、盛んに吟誦《ぎんしょう》された。

後、四朗は衆議院議員となり、政界で活躍する。文人の四朗、武人の五郎の柴兄弟の活躍はいつまでも会津人の心の中に浸み込んでいる。

戦いの済んだ後、弟の五郎少年が焼け跡の自宅から自害した祖母、母、姉妹の遺骨を泣きながら拾い集めてこの恵倫寺に納めたのである。だからこの柴家の墓には、今なお、その哀しみの声が聞こえてくるようである。

隆源山　常楽寺（曹洞宗）

西会津町野沢

会津戊辰戦争で斬殺された長岡藩士

野沢の宿場は、越後街道の交通の要所にも当たっていた。戊辰の役にも東西の戦士たちや、逃げ惑う庶民たちの群れがしきりに往来していた。それでもこの野沢宿は、会津坂下や会津高田のように激しい戦いの場とはならなかった。それでも、越後街道筋には足早に通る人の群れは絶え間なく道に満ち溢れていた。

本　堂

この常楽寺の墓には東西の兵士たちの墓がある。なかでも長岡藩士、岡村半四郎（三四歳）、中田良平（二五歳）の墓が本堂の裏にある。この二人の哀話について、野沢の齋藤佐代吉さんが、祖父から聞いた話を『西会津町』（西会津町教育委員会昭和三十一年刊）に載せている。

それは、慶応四年（一八六八）八月二十八日のことだった、祖父は畑に居た時、走ってくる武士の姿があった。その後を追うように洋袴をはいた西軍が数人追ってきた。そのときの模様を次のように話している。長いが生々しい聞書きなので披露してみる。

西軍の一隊に左右を囲まれ、後ろ手の武士二人が坂の方から下りてくるのです。見た目にも青ざめてみられたが、何とも形容しがたいことでした。結末は大かた判じられますが、何かに縋って祈る気持が祖父の心に強く迫るのでした。武士の一行は、西軍の本営に連れて行くのが煩わしかったのでしょう。意外にも祖父たちの耕している畑にやってくると、「まあ！このへん…」といった面もちで、いともあっさりと二人を斬ったのです。斬合いでなかっただけに、どうにもふびんさが先だちます。心持砂をかけた遺体を振り向きもせず、祖父たちにはむろん会釈などあろう筈もなく、何事もなかったげに、立去っていきました。まことに味気ない、連れない事でした。（中略）人手を借り二人の亡きがらを葬るため、夜道をかける祖父の心はやはり哀れでした。懐中には武士らしく散ったあとの縁でありましょ

長岡藩士の墓

う。藩と姓名を記した水茎が、武士の姉妹の心からのはなむけらしい紙入れから発見したと伝えられます。

この後、明治になって、それまで無縁仏としてひそかに祀っていた齋藤家では、残した紙を頼りに長岡へ照会したところ、その子孫が現存していたので、この話を伝えたのである。

常楽寺の過去帳には「右両人於當所苦水殺さる」とある。戒名は、「剣光院自源了性居士」（岡村半四郎）、「剣雲院無端秋星居士」（中田良平）とつけられ、寺では厚く葬っていた。会津戊辰戦争の哀話の一つとしてこの寺に伝わっている。そこには野沢の人の温かい心づかいがにじんでいる。

墓所には、西軍の薩摩藩士吉田與藤二清次（二六歳）もある。他に長州藩士平田四郎源敏光の墓もあったが、萩の方で合葬するといって持っていったという。

この寺には「山本」の姓を名乗る檀家が一四、五戸ある。これらの家はもともと日蓮宗で、若松の久福寺の檀家だったが、この地方には日蓮宗の寺がなかった。そこで、両寺で話し合ってこの常楽寺に受け入れたというのである。大変珍しい話として伝えられている。毎年、春になると地蔵さまの脇にある「山本家先祖代々之墓」の前でお題目を唱えられている珍しい光景が見られる。

しばしば火災に遭っているこの寺の創始は、はっきりわからない。しかし、野沢の「中の寺」と親しく呼ばれるここ常楽寺は、境内にある三体の石地蔵の温厚な姿が優しく微笑ましい。

戊辰戦争で哀れ斬殺された長岡藩士の姿をみて、気の毒に思って行動した野沢のやさしい人々の心根は後々の世に伝えていきたいものである。

虚空山　法界寺（曹洞宗）

会津坂下町字光明寺東

中野竹子の墓がある寺

法界寺には戊辰の役で悲壮な最期を遂げた中野竹子の墓がある。竹子は才気煥発、容姿端麗で和歌・書道・剣道などの文武に秀でた会津藩士の娘であった。

父は江戸常詰の勘定役中野平内《ひょうない》で、竹子は長女で、豊記・優子の弟妹があった。

会津藩主の松平容保の義姉である照姫の薙刀指南役の赤岡大助に十二、三歳の頃から薙刀を習っていた関係からか、十七歳のとき赤岡家の養女になった。しかし大助の甥、玉木某との結婚を嫌って後に中野家に戻っている。

戊辰戦争の時、二二歳の竹子は一六歳の妹優子と城に駆けつけたが、すでに門は閉ざされていた。そこで、照姫が乳母のいる坂下に退かれたという話を聞いて急行す

中野竹子女史遺品展示場

るが、その姿はなく、法界寺で一夜を過ごし、若松に戻ろうとした。

若松郊外の柳橋（涙橋）に向かい、西軍と壮烈な戦いとなったが、敵は女とみて生け捕りにしようとした。竹子は短髪、薙刀をかざして奮戦するも、弾丸が額に当たり草叢を血で染めた。妹の優子に「敵に首級を渡すな」と言って介錯を強制し、泣く泣く首を打ち落とし小袖に包んで、坂下に落ちのび法界寺に葬った。一説には農夫が持ち帰ったという。それを後に上野吉三郎という者が手厚く葬ったという。

明治二年（一八六九）、越後の澤田・横井の両氏によって墓が建てられた。その墓は本堂の前の三角の墓碑「小竹女史之墓」と彫られてある。小竹は竹子の歌の雅号である。辞世の歌は、

もののふの猛き心にくらぶれば
　数にも入らぬ我が身ながらも

という有名な歌で、短冊が薙刀の柄に結びつけてあったという。戒名は「美性院芳烈筆鏡小竹大姉」である。「戊辰役殉職者之霊」という位牌とともに本堂に安置されている。

坂下の篤志家が昭和四十三年（一九六八）に「小竹会」（会員約四〇〇人）を結成し、毎年九月十日には顕彰会とともに墓前祭がしめやかに行われ、祭文読み上げの後、舞踊奉納、献花献茶などが行われていた。現在は、同九月十日に、会津坂下町で中野竹子女史の顕彰会を行っている。

法界寺でも手厚く供養して、先代の住職井上文雄さんが展示室を作られ、竹子とその家族ゆかりの品々や戊辰戦争に関する資料が保存されている。現在、井上文雄さんの孫打木宏泰さんが平成二

十五年（二〇一三）より住職を務めている。

なお、戦死した場所の会津若松市神指町黒川には「中野竹子殉節之碑」が立派に建てられてある。

小竹女史之墓

位牌

法界寺は永享十年（一四三八）淳宗という僧が創建したという。若松・天寧寺九世の仁庵善如を招いて開山とした。本尊は宝冠を被っている木造釈迦如来坐像（像高三五センチ）である。

なお、門から入ってすぐ左には、猪俣公章の墓がある。猪俣公章は昭和十三年（一九三八）の生まれ、会津坂下町の出身で、作曲家として数々のヒット曲を世に出した。

森進一の「おふくろさん」「君こそわが命」や坂本冬美の歌など、数多くの流行歌をヒットさせた。平成五年（一九九三）、五五歳の若さで惜しまれつつ他界した。その実家の墓がこの法界寺に建てられている関係から、彼の墓と実家の墓が立派に建立されたのである。

慶雲山　勝方寺（曹洞宗）

会津坂下町勝大

戊辰戦争の集団自刃の悲劇の地

勝方寺《しょうほうじ》は会津坂下町の西の山際にある禅寺である。整備された石段を上ると、浄められた境内は当時の住職の人柄がよく表われている。そして、この住職を支えているのが勝方・大村の集落の人々なのだ。

山里のこの寺が九月になると、参詣する人たちがチラホラ目につく。それは《町野家、南摩家の家族殉難の地》であるからである。寺の裏山を三〇〇㍍《メートル》ほど登った所に、苔むした墓がある。朽ち果てた小ぶりの自然石の墓だ。その脇には真新しい墓碑が建てられてある。

新しく建てられた殉難の墓碑

会津戊辰戦争で八月二十三日、入城を果たせず避難を続けた末に、自決した悲劇の家族は多くあったが、町野・南摩の家族たちもそうであった。

砲兵一番小隊頭、南摩弥三右衛門（三〇〇石）の母勝子（四二歳）、妻ふさ子と長男壽《たもつ》（八歳）、次男辛《かのひ》（四歳）、三男万之進と、昨日生まれたばかりの赤子の六人は、家僕清蔵の案内で西の方へ逃れて行った。

丁度そのとき、南摩勝子は、敵軍の目を逃れ、同じく避難していた町野源之助（三三〇石）の母きと（勝子の姉、四七歳）一家と会い、源之助の姉ふさ（三一歳）、妻やよ（二四歳）、長男源太郎（三歳）、長女なを（七歳）の五人とともに勝方村の寺に宿泊した。

町野氏の家僕が走ってきて「城も落ちて敵兵が迫ってきます」と勘違いして報告を告げる。それを聞いて町野きとは敵兵の辱めを受けるよりは自刃をした方がよいという。しかし、南摩勝子はこれを止めて、事をよく確かめてから決すべきだと、言い争ったが、きとは聞かなかった。勝子ももうこれまでと従うことにした。

嫁のふさ子に「噂によると、お前の夫は傷を負って城中に在りと聞く。お前は幼い二子を連れて夫に従え、我はここで死なん」と言う。ふさ子はともに従いたいというも、許されない。仕方なく万之進と赤子を連れて城に向かって去った。時に慶応四年九月六日のことだった。

翌九月七日、町野、南摩の両家の家族は寺の裏山に入って、町野家のやよは、なを、源太郎を刺し殺して母きと、姉ふさ子とともに自刃してしまう。そのとき、七歳になったなをは自刃のありさまを見て、「一度お城に入り、お祖父さまの顔を見てから母の後を追いたい」と言ったが聞き入れられず、「お城に入れるように東の方に向かって祈りなさい」と言って、母は泣く泣くなをを刺したという。

南摩家の勝子は自らの手で、壽、辛の二人の孫を刺して自刃する。

一方、南摩のふさ子は勝子の命令により城を目指して去っていったが、途中で家僕の清蔵とはぐれてしまった。清蔵は勝方村に戻り、自刃のありさまを聞き、寺の僧とともにその遺骸をその場に葬ったのである。その後、自刃の悲劇の場所に勝方村の村人は自然石の墓を建てて供養した。

平成五年九月七日に、町野主水の孫に当たる、井村百合子さんと会津史談会の協賛のもと、新しい殉難の墓碑が建てられた。

勝方寺は最初、今よりも西の山にあった。永正十一年（一五一四）の開山。越後の耕雲寺一一世の大沖元甫和尚の開基。約四〇〇年の間に三七人の和尚が代わっている。非常に住職の出入りの激しい寺だという。昭和二十八年（一九五三）に火災となって、昭和四十二年に鉄筋の本堂が建てられた。

この寺のもう一つの特徴は、書に縁のある寺であることだ。近隣の入田付村の大堀一雄氏の「梵字で書いた般若心経」の珍しい額が本堂に掲げられてある。

さらに山門の脇には「筆塚」がある。これは昭和六十三年（一九八八）十一月に、小林了さんを発起人として四〇人ほどの書に縁のある人や、近村の有徳の人々によって建てられたものである。

境内の南側には、六地蔵がある。これは、二瓶正一氏が発起人となって勝方村の二〇人とで浄財を集めて建てたものである。この二瓶正一氏は、その脇に石の地蔵と観音も平成二十年（二〇〇八）に建立している。〈ぽっくり地蔵〉とか〈ぼけ封じ観音〉とか名付けている。このように檀家の人たちが協力し合って寺の運営がしっかりなされている。

山門の脇にある「筆塚」

逸話遺す寺々に招かれて

護法山　示現寺（曹洞宗）

喜多方市熱塩加納町熱塩

珍しい「湯殿入り」の行事の禅寺

正月四日、示現寺では「湯殿入り」の行事が行われる。早朝六時、本堂から住職を先頭に檀家の人たちの行列が出発する。そして中興の傑僧、源翁が生前用いたという「あかざの杖」を源湯の湯殿の壷に入れる。

熱塩温泉の源湯は、総門を下った所にある。経を唱えながらそのあかざの杖を入湯させ、無病息災、商売繁盛などを祈るのである。あかざの杖は病気にならないといって、この辺りでは老いを迎えると必ず一本は持つという。

この行事は、会津の寺院ではここしかない。善男善女が見守る中、長さ一五〇センチほどの代々伝わる由緒ある杖を湯の中に入れて御利益を受けるのである。

そもそも熱塩という地名は、この寺の門前に自噴する塩湯があったことから付けられたという。伝承によると、寺域の山中の大きな木に雷が落ちて火災が三日間も続いた。そのとき、老翁が現れて「我は前日の護法神なり。和尚のためにここに温泉を湧き出し、大衆の沐浴に供す」と言って去っていったという。そして、火が治まると、その大木の根より湯が湧き出たという話が伝わっている。

したがって示現寺と熱塩の湯とは関係が深い関わりがあるのである。温度は七〇度と熱く、糖尿病、胆石、胃腸病にリウマチとその効き目が大きいという。

言い伝えによると、示現寺は、僧空海の建立というがはっきりしない。南北朝の永和元年（一三七五）、源翁がこの寺を再興したのである。そのとき源翁和尚を慕って多くの僧がやってきた。雲水の子院が九つもあった。

会津の領主、葦名詮盛《あきもり》が狩りに出た時、慶徳村にあった源翁の庵から紫の気が漂うのを望み、源翁の徳の高さを感じ、寺を建立して紫雲山慶徳寺と名付けその住持とさせた。その後に熱塩の風景を愛で、無住であった示現寺を開いたのである。その源翁を祀る行事が、開山忌である。毎年五月六、七日に行われる。

源翁の遺品は僧堂の裏手の石段を上った所にある白壁の開山堂にある。裏庭の池の傍らには、源翁が腰を下ろした石がある。そこで水面に映る自分の姿を描いて彫った木像がこの開山堂に安置されている。その木像を大勢の僧たちの参加によって、開山忌に本堂に移して奉安し、この偉大な禅師の法要が営まれるのである。

また、示現寺は護法山全てという広大な寺域を持っている。そして、この護法山の山頂に登る山道の傍らには石造の愛宕三十三観音が建てられてある。

伽藍の配置は、禅寺特有のもので本堂、山門（鐘楼）、本堂が一直線に並んで建てられている。向かって右に庫裏、左側に僧堂（衆寮）があって秩序が保たれている。総門は寛保二年（一七四二）

瓜生岩子の銅像

示現寺総門

頃のもので、観音堂とともに安土桃山朝の作風が見える。本堂の右には客殿玄関があり、唐破風の立派なものである。これらの建築物や彫刻をみると、やはり会津の各領主や有力者たちの後押しがあったことがよくうかがえる。

示現寺には会津三十三観音の五番札所の観音堂がある。その横には瓜生岩子の銅像が建立されている。母の実家である熱塩温泉の「山形屋」で、九歳の岩子は女傑ともいわれる祖母に育てられた。その関係で示現寺に墓がある。開山塔といわれる源翁禅師の墓の上にある。幕末から明治にかけて、その混乱のさ中で、社会福祉事業に力を注いだ業績は、今なお語り伝えられている。さらにその側には、茨城県加波山事件で処刑された、自由民権運動家の三浦文治、横山信六、原利八の三人の墓が明治二十二年（一八八九）に建立されている。

このように会北の由緒ある示現寺は、中興の開山、源翁と、熱塩温泉抜きには語れない。

また、総門の石段の脇には、弘化二年（一八四五）建立の芭蕉の句碑が残っている。

松峰山　金川寺（曹洞宗）

喜多方市塩川町金橋

美と長寿を授く、八百比丘尼の寺

金川寺《きんせんじ》は美と長寿を授ける寺である。特に最近では女性に人気のある寺である。女性にとって「美」と「長寿」は最大の関心事であるので、多くの信仰を寄せるのである。

ここは、八百比丘尼の開祖の寺としては会津でも珍しい。

この八百比丘尼は、聖徳太子の重臣、秦河勝の孫、勝道が同輩の告げ口により、磐梯の更科に流されてしまったことから始まる。その村の長は、人徳ある勝道に娘を嫁がせ、千代姫が生まれる。

勝道は庚申講を信仰していた。ある日、その講中に白髪の老人がいた。その老人が、「次の講は私の当番なので家に来てほしい」と言ったため、仲間たちと行ってみると、草鞋を履《くつ》に履き替えされて水の中に入り、竜宮城に案内され、山海の珍味や美酒に酔いしれた。

そのとき、九穴の貝を出されたが、肉食を禁じていた勝道は食べずに持ち帰った。ところが千代姫は父の持って帰ってきた怪しげな貝を食べてしまった。勝道はその貝を口にして命を落としては大変だ、と言って吐き出させたが、すでに遅かった。

しかし、九穴の貝を食べた姫は年とともに美しく賢く成長したが、一二歳の時に父を亡くし、一六歳になり母をも亡くし、生者必滅の悲しさを悟った。

そこで、仏にすがって念仏を唱えながら諸国遍歴の旅を続けた。後に故里に帰り、この地の有力者石井左馬介維明とともにこの金川寺を建立した。その後も「八百歳の誠の心に残し置く　誓を結べ後の世の人」と唱えて諸国を巡り八〇〇歳の壽を保ち、若狭の小浜の地で没したという。

このような伝説やお姿は全国一二〇余か所にあるが、御堂とご本尊を祀っているところは二か所しかなく、その一つがこの金川寺だという。

金川寺は、塩川町（現喜多方市）から二キロほど東の金川という集落の中央にあり、そこは米沢に至る裏街道にあたる。『金川寺縁起記』には開基を弘安三年（一二八〇）としているが、はっきりはしない。

毎年五月二日が祭礼で、このとき、八百比丘尼尊像が御開帳になる。また、この日には、関係する什宝物の公開もあり、毎年「美と長寿」を授けてもらうために多くの人々が参詣に来る。

八百比丘尼尊像は、独立した八百比丘尼堂に安置されているが、建築年代は不詳、像高は六五センチで、

八百比丘尼堂

彩色された美麗な尊像である。その脇には比丘尼が彫ったとされる阿弥陀如来立像も安置されている。

お堂は、方三間宝形造で高欄があって、高い回廊のある粽柱の建物である。特に向拝柱の「木花（鼻）」には人魚と龍が向かい合っている姿は素晴らしい。中の欄間の彫刻は安政三年（一八五六）の制作による立派なものである。

自像を刻んで、村人たちに「常に我が名号を唱えれば、現世においては長命に、来世においては安養に至る」という。そして御詠歌を唱えて拝礼すれば、美と長寿を授かるといって、最近多くの参詣者が増えている。本堂には比丘尼が彫ったといわれる木造聖徳太子立像（県重要文化財）や木造地蔵菩薩立像（市重文）、京の絵師藤原直之筆による須弥壇の板ふすまの絵や作者不詳の天井の絵なども見事なものである。

美と長寿を授く八百比丘尼尊像

しばしこの八百比丘尼の伝説を聞いているうちに、しきりに檀家の人たちの訪れが絶えない。現住職の浅野良道さんは十数年前からこの寺を継いでおられる。檀家との交わりも良好であり、檀家や信者たちの訪れが頻繁である。この八百比丘尼を守るにふさわしい気さくな住職である。

松尾山　真福寺（曹洞宗）

西会津町尾野本

鉄火裁判と素敵な地蔵さま

松尾山真福寺は無住の寺である。松尾の集落から東北の山際にある。石段を上り山門をくぐると、古色帯びた禅寺風の本堂が目の前にある。その本堂に向かって左には立派な墓が建てられてある。長谷川清左衛門の墓である。そんなに古くなく昭和二年（一九二七）の建立である。

この寺はそれほど世に知られている寺ではない。しかし、有名な「鉄火裁判（鉄火取り裁判）」に縁ある寺である。

「鉄火裁判」は戦国時代に行われた訴訟のことで、どうしても解決できない場合に行われた裁判の一つである。それは罪の有無を試すために神前で熱した鉄の棒を双方に握らせ、熱さに耐え切れずに投げ捨てた者を有罪としたのである。

江戸初期には会津藩でもいくつか行われたが、野沢組の縄沢《つなざわ》村と松尾村の山争いで行われた事件が有名である。この両村は前々から山の境界線争いが激しかったが、特に元和五年（一六一九）の争議では藩はその理非を判断することができず、最後の解決策としてこの「鉄火の勝負」をすることになったのである。

元和五年八月二十一日、野沢の総鎮守の諏訪神社の神前で行われた。藩からは仕置奉行四人が立ち会い、境内には両村の村人を始め、近郷近在からたくさんの人々が集まり固唾を呑んで見ていた。松尾村からは、この墓主の清左衛門が代表となった。縄沢村の方では、肝煎が早くに亡くなり、まだ一四、五歳の子、治郎右衛門が悲壮な覚悟で臨むことになった。

両者とも麻の裃を着けて、まず縄沢村の治郎右衛門が請願文の紙を両手に持って炎の立ち上る炉の前に進む。立会人が真っ赤に焼けた鉄火を治郎右衛門の手の平に移す。これを受け取った治郎右衛門は三度押しいただき、所定の台に置いて鉄火を落とさなかった。

次に松尾村の清左衛門は豪勇の者だったが、熱い鉄火の苦痛に耐え切れずに地面に放りだして、そのまま息絶えてしまった。これにより縄沢村の勝利が宣言された。

哀れなのは清左衛門だった。負けた方は御成敗となり、彼の死体を首切りの刑にされたのである。さらに彼の遺骸を頭部、胴部、脚部に三分割され、縄沢村の主張した境界である三か所にそれを埋めて境塚を築いたのである。犠牲になった清左衛門を松尾村では何の供養もしなかった。

三〇〇年ほど経って、村人の夢の中に清左衛門の恨めしい姿がしきりに現れてきたので、昭和二年になって、境塚の三か所に供養塔を建て、真福寺の境内には立派な墓を建立し、その霊を慰めたのである。

今では信じられないような話が伝わっているこの真福寺で思い出に耽っていると、この寺にある「木造地蔵菩薩坐像」の慈悲あふれる仏像が浮かんできた。

木造地蔵菩薩坐像（県指定重要文化財）　真福寺蔵　福島県立博物館寄託

この地蔵は、像高三八センチで桂材の寄木造、特に黒漆が塗ってあり、それが厳かな雰囲気をもたらしている。像内背部墨書銘によれば、「大奉行　周珉　旦那　宇多河道忠　康安二年壬寅（一三六二）奉八月廿四日造立松尾山真福寺住持　大仏師法橋乗円」とある。

やや伏目がちで、特に口元が斜めから見ると下唇が少しつき出ているところに何とも言えない魅力が漂っている。小柄ながら一見に値する地蔵である。県指定の重要文化財で、現在、福島県立博物館に寄託しているとのこと。

寺には木造の「聖天像」がある。この辺りの寺には、数体の歓喜天、聖天が存在している。

なお、寺のすぐ西側には松尾神社がある。長い石段を上ると、酒の神として酒造家の信仰の厚い神社である。扁額は良寛書といわれているが、越後の酒造家佐藤氏による真蹟の模刻の献額という。

長光山　貴徳寺（浄土宗）

会津坂下町字茶屋町

堀部安兵衛と両親に縁ある寺

先住の鈴木徳明（五〇世）さんは数十年前に亡くなられた。この人が住職になったのは意外なことからだった。父親がこの寺の役員をしていた関係から、寺の留守番をよくしていた。そのことから、兼務していた光明寺の住職に勧められて、在家から住職になったのである。

非常にこまめに物事を片付けて親切な住職だとみんなから慕われていた。現在は馬場俊輔さんが後を引き継いでいる。

貴徳寺といえば、堀部安兵衛生誕の地として有名になっている。巷間「のんべい安」として赤穂浪士四十七士の一人として十二月十四日に吉良邸に討ち入りした。

貴徳寺では毎年この日を「堀部安兵衛並びに両親追善供養とそば会」と命名し、午前一〇時より顕彰会の主催で墓前祭での

墓前での法要

法要後、詩吟・舞踊・献茶の奉納がある。そして、最後に蕎麦会となり堀部安兵衛と父母を偲びながら蕎麦を賞味している。

昭和四十一年（一九六六）六月に「安兵衛両親の墓地補修と安兵衛誕生碑」の除幕式が挙行された。初代顕彰会会長の高久源右衛門氏の寄進による誕生碑が門前に設置された。その式には安兵衛の血縁にあたる末永精さんとその娘さんとが参列された。

翌四十二年には新宿西ライオンズクラブ一行が来訪して坂下ライオンズクラブと交歓し、記念に桜の樹を植えている。

さらに昭和四十六年（一九七一）には堀部家八代目の堀部忠彦氏夫妻が訪れ供養している。翌四十七年の五月十五日には両親の安太郎夫妻の碑を建立し開眼供養が行われている。

越後・新発田藩士だった父、中山安太郎は芸者の小菊（本名お絹）と恋仲となり、勘当されてしまった。そのとき、下男である茂助の出身地の坂下の地に来て、貴徳寺の一室を借りて住んでいた。安太郎は読み書きを、お菊は唄、踊りを教えていたという。寛文十年（一六七〇）に安兵衛が生

堀部安兵衛の両親の墓

まれる。五歳の頃、母と死別、法名、願誉守誓信女。父は天和元年（一六八一）六月十八日に死去し、この貴徳寺に葬られた。法名、真覚幻夢信士。今、新しい墓石が建てられており訪れる人も多い。

貴徳寺の開基は南北朝というが、詳しいことはよくわからない。天文十四年（一五四五）、八世岌延《きゅうえん》の時、享保十二年（一七二七）二二世良和の時、さらに明治二十四年（一八九一）五月五日の三回も火災に遭っている。

寺の裏の墓所に「長石塔」という四メートルほどの細長い石塔がある。これは猪苗代の日橋川の十六橋の下で長い石を上げようとしたが、できなかったところ、一人の武士が川から引き上げて坂下まで運んだという伝説が伝わっている。その武士の名は大堀助左衛門という者だった。

長石塔

石には、会津坂下の郷土史家、故井関敬嗣氏の判読によると、「南無阿弥陀仏、郭然大悟、得無生也」とあり、下の字は「右意趣者為広庵信士　二十七遠忌上生也　施主敬伯」とある。下部両側の細字は摩滅して読めないが、北面の下部には「大堀助左衛門」と書いてあったという。

心ある人々は、堀部安兵衛に縁ある寺として、よく訪れている。

普門山　弘安寺（曹洞宗）

会津美里町米田

霊験あらたかな逸話を残す

「中田の観音さま」として古くから親しまれてきた寺である。昔、佐布川の長者、江川常俊が最愛の常姫を亡くしたので、供養のために全財産を投げ打って十一面観音菩薩と不動・地蔵の脇侍を造ったという。

弘安寺から一キロほど西に行くと、道の左に「奥の院」という石碑がある。そこで、型取りして銅や金を溶かそうとしたが、失敗ばかりしてうまくいかなかった。そのとき、白髪の老人が来て七日七夜かけて、火を焚いたところ、見事に溶けて立派な仏像が完成したという。

出来上がった仏像を牛七頭で引いて雀林の法用寺に納めようとしたが、この中田の寺地まできたところ、一歩も動かなくなってしまった。激しく車を引くけれ

弘安寺中田観音堂

ども、綱は切れ、車は壊れるので困ってしまった。仕方なく、ここに四面四間の観音堂を建てて安置したという。時に、文永十一年（一二七四）のことだった。

中尊の銅造十一面観世音菩薩像は、高さ一八七センチで、光背に「文永十一年甲戌八月八日善物敬白」の銘がある。脇侍は向かって右に金銅造不動明王立像（九三・九センチ）、左に金銅造地蔵菩薩立像（九三・九センチ）で、すべて鎌倉中期の作。国の重要文化財に指定されている。

古くから、多くの信仰を集めている寺で、霊験あらたかな逸話が多く残っている。

「ころり三観音」の一つで、観音堂の中にある「抱きつき柱」に抱きついて祈願すれば、悪事災難を逃れ病魔平癒して長寿するという。また、死の床に就いた時は、家族に余計な心配をかけないようにと、三日、五日、七日、十日と日切りして、成仏するように祈れば「コロリ」とあの世に行けるという。

そこで、この中田の観音さまは「日切り観音」とか「ころり観音」といって厚い信仰を受けているのである。今でも「亡くなる時は観音さまに行け」という声を聞いてあの世に旅立っていった老人たちの話がよく伝わっている。

また、当寺には「砂守り（土守り）」という御利益が昔から伝わっている。江川長者が常姫の供養のために全国の観音詣でをした時、観音さまの型取りをした砂を持って出かけたところ、無事に帰ってこられた。

守り袋の中に入っている観音さまの型取りをした砂（砂守り）

弘安寺旧観音堂厨子（国重要文化財）
旧観音像の厨子として用いられていた

それから、この寺の砂を守り袋に入れて旅をする人が増えたという。戦時中は、会津若松の二九連隊の兵士たちが出征する時は必ずこの寺にお参りしてこの砂を持って行ったという。

この中田の出征兵士は四八人いたが、戦死した者はいなかったという。この砂（土）を肌身離さず持っていると「他所の土にはならず」といって、今でも旅に出る時に授かって行く人たちが後を断たないという。

寺には大正十四年（一九二五）に出された、東宮大夫・珍田正巳氏のお礼状が保管されている。これは昭和天皇の長女ご出産の折、当寺の安産祈祷により無事ご出産なされたお礼状なのである。その後、この因縁ある中田の観音さまにより女性の良縁・安産のお守りを受ける人が多くなった。

中田の観音さまといえば、野口英世の母シカの話が必ず出てくる。毎月観音さまの縁日の十七日にやってきて御籠りしていた。そして、英世が米国から帰郷した時には、恩師と母と一緒にお礼参りをした。そのときの写真が本堂に掲げられてある。

中田観音の御開帳は、正月と毎月十七日、六月中、八月九〜十日、十一月上旬の菊祭りの期間中行っているという。このように有り難い御利益の霊話が数多く残っている寺である。

光琳山　円福寺（天台宗）

下郷町豊成

花に縁ある楢原宿の名刹

楢原は旧下野街道の宿駅である。

元は今の道より東裏に沿ってつけられていた。幅一メートルほどの道が残っている。したがってこの円福寺の本堂は、今では西向きになっているが、昔は街道に沿って東側に向いていたという。

円福寺には、寛永十七年（一六四〇）に幕府に報告された図面「楢原古絵図」の控えが残っている。そこには、整然と南北に連なる楢原の村の町割りがはっきりと書かれている。

楢原の墓域は、その町割りの図の通りにそっくりと東に移動させた所に墓地がある。つまり、左隣の家は墓もその隣に存在しているという非常に珍しい墓の配置をしているのである。このような墓の配置は聞いたことがない。

そんな墓地の中央にある「忠臣大居士」と「玄番の墓」が目立つ。慶応四年（一八六八）八月二十六日、西軍がこの楢原を通過した時、一部の兵士が乱暴狼藉を働き、

「忠臣大居士」と刻まれた林房之助の墓

財宝などを略奪していった。そのとき、西軍に参加していた幕府旗本、林房之助がたしなめたところ、兵士などに斬殺されてしまった。先住の信山俊彰師が過去帳を整理していたところ「剣空了相信士、行年二十五歳」という戒名に目を留め、この林房之助の哀話を知って感動して、墓碑を建てて手厚く弔ったのである。

一方、玄番は大力自慢として有名な力士で、重い石を村中運んで喝采を浴びたという。その記念に「怪力玄番のへいほう石」と名付けられ、表通りに安置されてある。

寺の前庭には樹齢五五〇年ほどの物凄い欅の大木が聳え立っている。円福寺の信山俊洪《のぶやましゅんこう》住職は、高校で生物の教師をしていたので、花に関しては物凄い情熱を持っている。当時アメリカで大ブームを呼んでいるユリ科の「ヘメロカリス」(別名デイリリー)を交配させることに熱中している。この交配によっていろんなオリジナルな花ができて面白いという。

ヘメロカリスの新種の苗畑

花の命は一日であるが、多くの花を植えておけば次から次へと開花して一か月ほど楽しめるという。それを聞きつけた中国武漢の資源環境学院の刘《りゅう》教授から栽培の打診があって、中国に行って栽培方法を広めたともいう。

俊洪さんはこの寺を中心に楢原を花の村にしたいと言っている。そこで、裏の畑は勿論、空いている畑を提供してもらってそこに「花魁草《おいらんそう》」や「エゾムラサキ」の苗をたくさん植えている。

閻魔大王の憤怒の像

そして、その花畑を「照隅農場」としたい夢を抱いている。「照隅」とは天台宗の「一隅を照らす」運動との関係からその名をつけたのである。

ここ円福寺が、花の寺として有名になることはそう時間はかからないと思われる。

堂内には総高八〇センチの「閻魔大王」が目につく。道服を着て憤怒の相をして笏を持った坐像である。他に総高八七センチの「木造聖観世音菩薩坐像」がある。厨子の中に安置されていて、輪光背一杯に高く宝髪を結び菊の花弁が三二枚あるのが特徴である。また、「紙本着色胎蔵界金剛界曼荼羅」が保存よく所蔵されてある。蒲生忠郷の寄進されたものという。

書家星研堂の扁額

本堂の扁額の「圓福寺」は会津藩の能書家・星研堂が書いたものを刻んだものである。これは、地元の湯田研山が研堂の弟子であった関係で書いてもらったのを額にしたという。また、この研山の書が七枚、襖に貼られてある。素晴らしい書である。

このようにこれからは、花の寺として有名になるであろう天台宗円福寺の将来でもある。

大宮山　長照寺（曹洞宗）

猪苗代町三ツ和

野口英世夫妻の墓ある寺

翁島の野口英世記念館の真北にある。磐梯山を背景にすると、長照寺の山門が小さく見える。山門の前には小道がある。英世の生地に来た人は野口英世記念館の見学後には、この寺を訪れるという。それは、この寺の墓所には「野口英世夫妻之墓」があるからだ。ここには、父佐代助と母シカの墓でもあるので参拝する人がしきりに出入りしている。

本堂の中には英世筆の「脱塵」の立派な額が掲げてある。猪苗代には西円寺にも英世筆の「済生」の書がある。いずれも英世が功なり遂げて帰国した時に書かれたものである。

偉大な医師になった英世には、恩師小林栄夫妻と、母シカの三人抜きには語れない。小林栄夫妻は精神的に、物質的にあらゆる努力を以て、清作少年を助けたのである。そして清作という名を英世と改名させたのもこの小林栄であった。

また、英世の母シカの言動は、当時の人々に感動の心をうたせたのである。野口英世記念館には英世に宛てた唯一の手紙が残っている。明治四十五年（一九一二）一月二十三日付の母の手紙こそ人々の胸をうつものはない。それは思想や表現などどうでもよい。我が子との再会を望む感情の嵐

野口英世夫妻の墓

そのものが人々の心に激しく迫ってくるからだ。誤字、脱字や重複をも問題としない。我が子を思う激情を抑えることができない母の情が滲み出ている。それは、

　ドカ（どうか）はやく◌きてくだされ（中略）◌はやくきてくだされ◌はやくきてくだされ◌はやくきてくだされ◌いしよ（一生）のたのみて◌あります◌にしさむいて◌おかみひかしさむいてわおかみしております◌……

とあって、これを受け取った英世は涙なしでは読めなかった。手紙を受け取って四年後の大正四年（一九一五）九月待望の帰国となる。そのとき我が子の左手を火傷させてからは、木の枝に網を吊るしてそこへ清作を入れて畑仕事をしていた頃を思い出しながら、母シカは帰国した英世に三城潟の三〇戸の一軒一軒に挨拶まわりをさせたのである。

このような母シカの眠る檀家の野口家の長照寺には英世に関する想い出が多く残っている。

長照寺は慶長八年(一六〇三)越後の光明寺より蘭室という僧が再興して開いたという。六世以後、若松の天寧寺系統の僧が継ぐようになったというが、一八世玄智大和尚からは代々楠家が寺を守っている。

本尊は「木造聖観世音菩薩坐像」である。この寺には、猪苗代三十三観音札所の御詠歌の版木が残っている。境内はきれいに手入され、なかでも藤の大木は毎年五月に見事な花を咲かせている。

光明寺三世の黙山を開山としているが、恐らく勧請開山だとも言われている。歴代の和尚は、野口英世家の檀家寺なので、「磐梯山は動かない　何もののも挫けない」唱歌のように、意志の強さを育んでくれた英世を讃える活動の取り組みに励んでいる。

木造聖観世音菩薩坐像

護国山　文殊院　清龍寺（天台宗）

会津美里町字文珠西

智恵授ける文殊様と合格祈願者の群れ

二月二十五日は高田の文殊祭、多くの参詣者で賑わう。ここは丹後の天の橋立の「紙の文殊」、大和の桜井の「硯墨の文殊」と並んで、日本三大文殊の一つである。会津の高田（現会津美里町）は「筆の文殊」と言われている。

いずれも書道上達の霊験あらたかで、堂には大きな筆が四本奉納されている。しかし、受験戦争が激しくなるにつれて、合格祈願の智恵文殊として参詣するようになってきた。学問成就・技芸上達の仏として、現世利益を願って境内はたくさんの人々で埋め尽くされる。

徳川三代将軍の厚い信頼を受けたという慈眼大師（天海）に縁があることもあってこの文殊さまには参詣者の特別な思いがあるようだ。天海はこの高田の地で生誕した。それも、両親の舟木景光夫妻に子が授からなかったのでこの文殊堂にお籠りして祈願したところ、授かったという言い伝えがあることから知恵者である慈眼大師にあやかろうとする願いを持って、人々は祈願のために集ってくる。

この文殊堂は天明三年（一七八三）と明治二十二年（一八八九）の二回焼失に遭っている。したがって、現在の文殊堂は、大正七年（一九一八）に建てられたものである。そのときの堂建立には近郷近在から材木ごとに各集落が多くの寄進をし、多くの人の手によって建てられたのである。

本尊は、勿論文殊菩薩坐像であるが、堂の開基とともに祀られたという。獅子像に乗った、運慶作の二尺九寸の文殊菩薩坐像であったが、天海に縁ある文殊という噂を聞いて、寛永寺の大明法親王の要請によって元禄十三年（一七〇〇）に上野の東叡山寛永寺吉祥閣に移された。

その代わりに法親王の開眼による文殊菩薩を下賜されたが、これも焼失して、再び仏工定朝作の金仏の唐獅子に乗っている立派なものが贈られ、現在に至っている。また、そのときに木造の台で漆塗りの立派な常夜塔一対も賜っている。

唐獅子に乗る文殊菩薩坐像

文殊院清龍寺は暦応二年（一三三九）僧、円済の開基という。ここは伊佐須美神社の奥の院と称されて、神宮寺の管轄に置かれていたようだ。

堂の前には姥桜の巨木があったが、枯れてしまって今は株しか残っていない。しかし、堂の西側にベニヒガン桜があって、「智恵桜」と呼び樹齢二〇〇年以上で、その艶やかな色彩はぜひ一度観賞したいものである。

入口に仁王門がある。仁王は文政十二年作の寄木造の金剛力士像である。堂の北にある本堂には本尊、智拳印の大日如来像が安置されている。その山門の西隣には、この寺と関係も深い、智鏡上人を讃えた智鏡塚がある。智鏡上人が生身往生をしたという墓である。疫病鎮静のため墓穴に入ってお経を読み続け往生したというのである。高さ二メートル、周囲一・八メートルの塚である。

その脇には、「芭蕉翁袖塚」碑が立っている。野面に五字陰刻したもので、これは元禄二年（一六八九）に芭蕉が、奥の細道の旅に出かけた時、右の袖は筆のすさびには邪魔になるといって切り取って弟子に与えたという話がある。それを高田村の俳人、田中月歩（東昌）が貰い受け、弟子の小林麻蔵に預けておいたものだという。その後、伊佐須美神社の薄墨桜の葉隠れに埋めておき、その上に碑を建てた。後に現在地に移したという由緒あるものである。

御利益を求める参詣者の人波

毎年、御文殊様の御利益を得ようと今年も大勢の受験生やその家族、さらに、技芸や書道の上達を願う人々が訪れることだろう。昔は堂の周りに合格祈願の貼紙で真っ白となり、前住職の故石川幸沖師は「はがしても、はがしても次から次へと貼っていくのでその祈願のすさまじさは大変なものだった」と言っていたが、最近は順序良く整列してお参りをするので貼られていない。堂前の絵馬掛に祈願の絵馬がぎっしりと掲げられている。昔に比べると、争って参詣するというよりも、祭行事に参加する楽しげな若者たちの元気な声が響いている。これも世相の反映かもしれない。

虎嶽山　長福寺（曹洞宗）

会津美里町永井野

檀家の人々の信頼厚い和尚さんの禅寺

永井野の長福寺の和尚、星見宏徳さんは地元で大変評判の良い和尚である。「檀家の皆さんのお蔭です」といつも言う。そして、偉ぶらずに誰にでも「何でも教えて下さい」とへりくだって話す。星見さんは、平成八年（一九九六）に二七歳の若さでこの寺を受け継いだ。兼務寺の多い寺で、地元の一人ひとりの檀家の話に真摯に耳を傾ける。心から檀家みんなの寺だという姿勢が素直ににじみ出ている。そんな雰囲気をもつ数少ない寺である。

長福寺は禅宗の寺であり、昔から永井野の人々からとても大事にされてきた寺なのである。寺を盛り立てようとした多くの人たちの跡がそこかしこに残っている。

会津美里町の旧永井野地区は、元は長尾と称していた。それは宮川の水害によって、しばしば蛇行形の村になっていたので長尾と呼ばれていたという。村の中心部にある金比羅神社の境内には長尾神社が祀られており、「長尾道貫之碑」「長尾正村之碑」が今も片隅に残っている。

ここ、永井野は幕領御蔵入の中でも最も平坦地にあり、交通の要所でもあったので、富裕な土地として栄えた。

長福寺は、はじめ真言宗であったが、以後衰退し、享禄元年（一五二八）になって、尾岐窪、龍門寺の七世才庵尊芸和尚が開山した。そのとき永井野組の郷頭、白井作十郎良延が開基に尽力した。寺の東側の墓地には五輪塔が二基あり、それは白井家の白井道宗（寛永十九年〈一六四二〉没）夫妻の墓碑である。

長福寺本堂

杉原清文は、寺の東川原の八反歩を開田してこれを寺に寄進した。室井龍斎は私塾を開き多くの子弟たちを教育し地元に尽した。

この二人の功績を称えるために、境内の東側に笠のかかった大きな石碑、左に「當寺中興杉原清文之碑」右に「室井龍斎清春碑」を人々は建てた。そしてその三面にはその由来が彫られている。

本堂には扁額が三枚掲げられている。正面には「虎嶽山」、本堂内には「円満」「獅吼」の大きな立派な額がある。さらに「宗祇宗長師弟難産の女を救う図」がある。これは「茎園（星暁村）主人畫」とあり珍しい物語絵馬である。

また、兼務寺の松沢寺所蔵の「幽霊の掛軸」がこの寺に保管されている。それは、次のような伝説からきている。

星暁村画「宗祇宗長師弟難産の女を救う図」の絵馬

柳津・湯八木沢におじゅんという女がいた。夫に急死されたおじゅんは、身をはかなんで、この松沢寺の全良和尚の感化を受けてこの寺で尼になろうとした。しかし、そのときおじゅんは亡き夫の子を孕んでいた。そこで、おじゅんは尼になることができずに実家へ帰るその途中で体力を消耗し亡くなってしまった。

それからは、寺の山門にザンバラ髪のおじゅんの幽霊がフワフワと現れ「地獄に落ちて苦しんでいる」と救いを求めたので、全良和尚は亡き夫の傍らに墓石を建てて供養したところ、幽霊は出なくなったという話が伝わったのである。

その話を聞いた人たちが各地から幽霊の図などを送ってきた。中でも青森からはるばる送ってきた幽霊の掛軸の一つがここに残っているのである。

また、松沢寺にあった「松本図書父子肖像掛軸」もこの寺で管理されている。松本図書父子は、葦名の重臣、松本図書の居城が約二キロ西方の杉屋にあったので、その関係でその父子の掛図が残されていたのである。父子が向き合うという特異な図で中世末の貴重なものである。

五〇〇メートルほど北の八月田という所には、御蔵入三十三観音第九番札所の観音堂がある。

能満山　常勝寺（浄土真宗）

会津美里町字本郷上

陶磁器の祖を讃える陶祖祭

常勝寺は焼き物の里本郷の広瀬神社の脇の道を進むと宗像窯の奥にある。山を背負った寺は町中にあっても静寂そのものである。境内の木々は切られて明るい境内だ。門を入ると右横に、白壁造の陶祖廟がある。ここには本郷焼の陶祖水野源左衛門、磁器の祖、佐藤伊兵衛の両祖を称賛するために廟宇を建てたのである。

明治十三年（一八八〇）に水野徳蔵、金成伊兵衛の両名が発起人となってこの両祖の遺徳を敬慕するために、建てたものである。以後、毎年九月十六日に、本郷陶磁器協同組合主催による「陶祖祭」がここ常勝寺で行われる。ところが大正五年（一九一六）五月十二日の本郷大火により、寺の極めて珍しい庫裏をはじめこの陶祖廟も

本郷焼の陶祖磁祖を祀られている陶祖廟

焼失する。現在の廟宇は翌大正六年十月に再建されたものである。

陶祖、水野源左衛門は会津に陶器を齎《もたら》した人物であるが、謎も多い。正保二年（一六四五）に藩祖保科正之に招かれ、初め若松の井上浄光寺に住んで作陶していたが、二年後に本郷の観音山、的場で良質の黄褐色の粘土を発見し、本郷に釜場を造り、製陶を始めた。しかし、二年後に死去しその後は弟の瀬戸右衛門が後を継いで会津の陶器の向上に寄与した。

一方、佐藤伊兵衛は磁器の先進地の有田に潜入し、その技を身につけてきた。さらに各地で白磁器の製法を学び、会津に寛政十二年（一八〇〇）十月、磁器焼成を始めて完成させた。さらに明治四年頃、本郷村に大久保陶石を発見し磁器の向上に輪をかけた。このようにこの二人無くして本郷焼は発展しなかっただろう。

天正十年（一五八二）、常陸からやって来た常勝の開基である。その名をとって常勝寺とつけた。恐らく戊辰戦争で寺は焼き尽くされたので、これを機会に当時の住職浄教は仏教を広めるためにも戊辰戦争直後の明治二年に現在地に移ってきたのであろう。

なお、この三日町の集落は、常陸国稲敷郡根本村からやって来た人たちが集落を作ったという。この常陸の根本村は太平洋から吹いてくる風に苦しめられたので、そのとき、常勝が一族を引き連れて元葦名盛氏の隠居城（巖舘）ともいわれる城の麓に家臣の屋敷のあった辺りに移り住んだのである。だから、三日町は全て根本を名乗っている。その人たちが寺を作ったのが寺の始まりという。

また、盛氏が黒川の城に戻ったが、そのとき、住民や家臣たちも移住したので、若松城下には三日町、六日町、本郷町の名を留めている。

三日町の村はずれにはそこに移り住んだ名残を留めるものとして「太子堂」がある。その中に「木造聖徳太子立像」が祀られてある。像高一二五センチ、本体は前後の剥ぎ合せの漆箔で頭部は体部に差し込むようになっている。

これは「首枘《しゅぜい》」という。髪は中央で左右に分けて後ろに垂らして結ぶ、お下げ髪である。目は玉眼を嵌入し、唇には朱をいれている。縦襟六角のあげ頸袍で紐結びの金色縞の袈裟を付けている。右手には蓮華を持ち、左手には経巻を持っている。沓《くつ》は花手先形である。

木造聖徳太子立像（経巻太子七歳像）

胎内には「正中三年（一三二六）丙寅二月二十七日」の墨書銘がはっきりと記されている。このことからこの像が鎌倉時代末期のものであることがはっきりしている。この聖徳太子像は全国でも珍しいもので石田茂作氏の調査では一〇三三体のうち、二～三例しかないという。年代的にも関東以北では埼玉県行田市の天洲寺にある寛元五年（一二四七）の木造聖徳太子像よりも八〇年ほど遅いが、二番目に古いものである。

小田山　西蓮寺（浄土真宗大谷派）

会津若松市日新町

一途に守ってきた真宗の寺

西蓮寺の境内はこじんまりとしているが、本堂の周りの桜は、四月になると境内一杯に咲き始める。

この桜の満開は、寺の周辺の人々にとっては、華やかに着飾る春爛漫の姿をみるのが楽しみだという。

浄土真宗のお寺は清潔に保たれており、長年受け継いできた歴史を寺で保持している。

ここには本堂の南側の墓地に、大きな「木村家の墓」があった。明治二十年（一九八七）の九月に木村貞子の夫、宗順が建立したものである。

この木村家は、日新町と北小路との交差点の東南の角にあり、丁度この西蓮寺の道路の斜め向かいに屋敷があった。城下の医師である木村宗順に嫁いだのが満

西蓮寺本堂

福寺の中島貞子であった。貞子は若松で初めての「子守学校」を開いた女性で、宗順との間に、八人の子を儲けている。

その長男が、木村英俊であった。英俊は明治五年（一八七二）に北小路で生まれる。苦学して旧制第一高校で学び、東京帝国大学の英法科を明治二十三年（一八九〇）に卒業する。

後に宮内省事務官となり、久邇宮家に仕えていたが、昭和天皇が皇太子御在位の時、皇太子妃にと久邇宮家の良子《ながこ》女王が選ばれたことに対して、山県有朋らが事件を起こした。その影響を受け、宮内相以下木村英俊事務官まで辞表を提出した事件があった。

西蓮寺の門柱

最後に函館市長となって、退職後は会津に戻り、昭和十五年（一九四〇）九月に亡くなる。享年六九歳。檀家寺である西蓮寺で葬儀が営まれた。そのとき、昭和天皇、皇后陛下、貞明皇太后の御方々からのお供物が、憲兵の護衛のもと、勅使などの手によってこの西蓮寺に運ばれた、という話は今に伝わっている。

また、墓域に入ってすぐに長谷川家の大きな霊廟が目に入る。ここには、

兵戈無用碑

兵戈無用碑の台座部分

第二次世界大戦末期に戦没した学徒兵の遺稿集『きけわだつみのこえ』に福島県から唯一掲載された特攻兵長谷川信が眠っている。墓域の西南隅には、平成十四年（二〇〇二）に建てられた「兵戈《ひょうが》無用碑」がある。この碑の台座部分にある銅のプレートには、『きけわだつみのこえ』に掲載された長谷川信の文章が刻まれている。

西蓮寺は釈幽善の開基で、天正二年（一五七四）京都東本願寺に詣で顕如上人の法弟となり、本尊・寺号を貰い請けて帰国して六六〇坪の寺地を賜り一寺を建立したと伝えられる。

一説によると、近江から蒲生氏郷が木地師を連れてきたが、初めは若松の本光寺の門徒に属されていた。その後西蓮寺は、若松の西と南、御蔵入から白河方面に分けて門徒衆をかかえていたという。本光寺の方はその後、西本願寺派となり、町の北半分を西蓮寺が城下の南半分をそれぞれその支配下に治めたという。現在西蓮寺は、若松の町人たちの檀家方によって手厚く守られている。

文化の香り高い
寺々に迎えられ

松井山　専福寺（浄土真宗・本願寺派）

会津若松市千石町

野出焦雨、楢林虎備に導かれ

この寺を最初に訪れたのは、今から五〇年ほど前の秋のことだった。先々代住職の故松井司観師は丁度、入院する前の日だった。少し気持ちが高ぶっておられて、追い返されようとした。そのとき、温厚な奥さんが「わざわざ来られたのだから話してあげなさい」と助けていただいたことが昨日のことのように甦る。

話していくうちに、次第に司観さんの博識で、寺の経営に関しても蘊蓄《うんちく》があってその話に圧倒されたことが懐かしく思い出される。

さらに、私の高校の同級生と以前電話で話した際に、彼が専福寺に葬られている多才多芸の野出焦雨の子孫ということがわかって、その遺品がどうなっているか

専福寺の本堂

聞いたところ、すべて会津若松の専福寺に寄贈したとのことだった。そういうわけで、専福寺と私との縁が浅からずあることに気づいた。

戊辰の役の時に城攻めの際に邪魔になるからといって、若松の寺院は西軍にほとんど焼かれた中で、ここ専福寺は西軍の本営地となったので、焼かれなかった。そのため、今なお古き面影を残している。しかし、現在は周りに住宅がぎっしり建てられ、昔の寺町の雰囲気が失われている。

寺は初め、旧赤井町にあったが、寛文十一年（一六七一）三月七日の若松大火のため、隣の井上浄光寺とともに炎上する。その後、現在地の南北二八間、東西三七間の地に所替えさせられた。

このあたりは、鷹匠町と呼ばれた場所で、寺の西北にはきれいな清水が湧いていた。鷹はきれいな水を好む。だからどうしても良い水が必要とされるところから鷹匠が住む所となった。さらに、明治になると、その近所には豆腐屋、トコロテン屋や風呂屋など、水に縁のある店が多く存在していたと

鐘径二尺五寸の鐘

いうが、今はその面影さえなくなってしまった。

境内の南側には鐘径二尺五寸の鐘がある。第二次世界大戦の時、価値ある鐘の一つだからといって供出されなかったものである。この鐘は時を報せる鐘としてお城に借りあげられたが、その鐘が壊れてしまった。そのとき、鍛冶師の早山家に鐘の破片が残っていたので、それを基にして鋳直した由緒あるものである。

このように、三百数十年の長き歳月を生き続けている鐘だが、音は余韻があまり残らず「ゴン」という音でそっけない。最近、新しく製造された鐘の方が、科学的に計算された材料と製法により非常によい音色を響かせるそうである。司観老は「古い鐘ほど音は悪いもんですよ」と苦笑された。しかし、その音色は何ともいえない味がある。

この寺で最も縁の深い人物というと、まず野出焦雨（平八郎）であろう。焦雨は会津藩御書院番の家に生まれる。兄の蔵主は白河口で戦死してしまう。弟の焦雨は若い時から隠密探索方として京都市中を駆け回っていたという。

彼は本来絵描きで、会津きっての花鳥画の大家であった。特に牡丹の花の絵を得意としていた。それを掛軸にしたものがこの寺に保管されている。

また、焦雨絶筆の絵もこの寺にある。それは鶴、亀の双幅のもので、この絵の鶴の目を入れないうちに彼自身の目が閉じられてしまった。そこで、門弟の半石が代表して目を入れて完成したとその絵に書かれている。

さらに彼は、会津の能楽界の発展にも功績があった。加賀の宝生流と並び称された会津宝生流を盛んにした。中央の手を借りずに立派に能楽を演ずることができるようになったのも彼の指導があったからである。特に、仕掛や能装束に関するものを作りだした功績は大きい。

晩年は、本郷（現会津美里町）の瀬戸町に住み、焼き物の絵付けを行い、その指導的役割をも果たしていた。九六歳の長寿を全うして、昭和十七年（一九四二）六月二十四日永眠する。

また、この寺に縁ある会津藩士といえば、『会津奇人録』や『唖者の独見』などに出てくる、異才、楢林主殿虎備《とらはる》であろう。彼は初め立花飛騨守宗茂に仕え、岩酌の城攻めの折、峯の頂で敵をねじ伏せたというその剛勇ぶりは評判となった。そこで、自ら悪魔下道左衛門と名乗った。

野出家の墓

慶長五年（一六〇〇）、近江の大津城の戦いで猿の木渡りのような軽業をしたところから、猿渡紀伊守と名乗った。その後、訳あって浪人となり、寛永二十年（一六四三）に八〇人扶持で保科正之に召し抱えられる。後に三〇〇石となり、御旗頭など務めていた。

殿の上京の時、自分こそはと晴れのお供に前触れが下るに違いないと、内々支度をしていたところ、同役の車伝右衛門に仰せ付けられた。彼は「私

野出焦雨家の墓

めを御用に立たない者と思召しになったので、もはや生きる甲斐もない」と言って恨んでいた。正之は困って、「長い間会津を留守にするので留守中、心もとなく思って留守居役を頼むために残したのだ」と説得した。

虎備は喜んで張り切って、留守中、自宅の大きな榎の上に櫓を組んで、床上に上って遠眼鏡でもって城下を見張って不審なことがあると、大声を出していたという。

このように楢林虎備はいささか奇人変人に類する人物だったが、正義感溢れる戦国武士の血を引くスケールの大きな人物として評価は高い。

如空山　本覚寺（浄土宗）

会津若松市行仁町

文化の香り漂う寺

本覚寺は、「会津吟社」発祥の地である。この寺の住職は代々、俳句を嗜んでいた。だから多くの俳人たちが集ってくる所であった。そしてここが吟社の事務所となっていたので、そのときの資料が多く残っているという。

俳人の、久保田万太郎が再度この寺を訪れている。そのとき、吟じた句が残っている。三四世の住職江川岳雲（月泉）の時、五代目新城猪之吉の主催する「会津吟社」では万太郎を何回も招いて句会をよく催していた。

昭和八年（一九三三）に、

墓なくや会津若松本覚寺

という句を残し、その短冊を掛軸に表装して大切に保管されている。

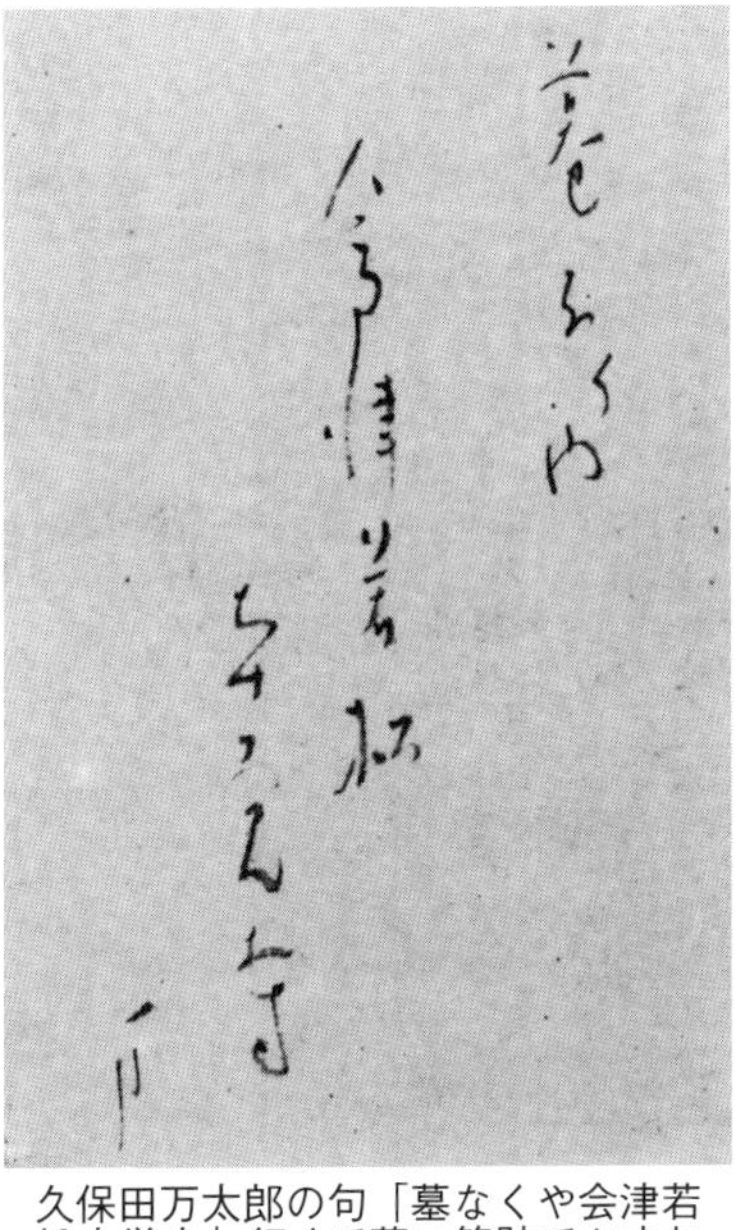

久保田万太郎の句「墓なくや会津若松本覚寺」細くて薄い筆跡でかすれている

さらに、その後を継いだ蒲生悠成（雪郎）もまた俳句に堪能な人だった。万太郎は昭和三十三年（一九五八）五月二十一日の若松再訪の時、

先住の思ひにけぶる蚊遣りかな

という先住、月泉を偲ぶ句を残している。日常生活に根ざした即興的な万太郎の句は会津の俳人たちにも影響を与えたという。これも掛軸にして寺の寺宝にしている。

口語発想の始めといわれている富安風生も、

この寺の記憶かへりて柿の秋

という句をここで詠んでいる。

このように若松の多くの俳人が集る所で、戦後本覚寺の檀家の鈴木壽輝（湖村）さんが二〇歳の頃からこの寺に出入りして先輩から「若造　若造」といって可愛がられたという。この鈴木湖村さんは「会津吟社」に所属し、「真鈴」という結社をも主宰し、雑誌『真鈴』を出していたが、老境に入り、平成二十年（二〇〇八）九月で廃刊している。

このようにこの寺は「会津吟社」発祥の所としてこの寺を訪れ創始の頃の資料に触れるのも一興であろう。なお、鈴木湖村さんの所にもその創始時代からの貴重な資料や写真も残されているという。

本覚寺の本堂には、江戸中期の開通上人作といわれる「本覚寺八景」の漢詩に基づく絵が残っている。昔この寺から眺められる郊外の遠望は素晴らしいものであった。三四代住職江川岳雲の代に、

日新館造営に力を注いだ須田新九郎の墓

本覚寺八景のうちの「牛墓帰樵」

檀頭森川善兵衛らがこの八景の漢詩に合う絵を画家の松原石舟に絵を描かせ、それを本堂に飾ろうとした。誠に見事な日本画で、ぜひ鑑賞する価値のあるものである。

墓域には、花春・栄川・宮泉などの宮森家の一族の墓が集っている。他に検断の森惣兵衛一族の墓、佐治一族などの立派な墓が並んでいる。藩校日新館の造営に尽力した須田新九郎の墓には「臥龍院義誉了忠清居士　嘉永三年庚戌八月十三日」と記してある。

本覚寺は蒲生氏郷の城下町整備により本郷の地から移ったという。俳優の故佐藤慶や若松の演劇家で書家の故小沢三郎さんたちはこの寺で酒を飲んだり、演技の練習をよくしていたそうである。このように会津若松の上町の有力な町人により文化の香り漂う寺にしたのである。

寶珠山　金剛寺（真言宗）

会津若松市七日町

雪村、永海の名画残る名刹

金剛寺には、雪村の描く「山水図屏風」の右隻が残っている。もう片方は残念ながら戊辰戦争のときに散逸してしまった。赤澤英二著『雪村周継』（ミネルヴァ書房）によると、「葦名盛氏の臣佐瀬大和の依頼によるもの、あるいは葦名氏ゆかりの寺であるからそのために描かれた、さらには黒川城のために描かれた後、金剛寺に下賜されたと、さまざまにいわれるが、いずれにしても葦名氏関係の作品であろう」という。

山口住職の言によると「戊辰戦争のとき、寺から出たもので、農家の麦打ちで、風除けの目的で使われていたのを寺に戻したという話が伝わっている」という。まさに危機一髪、雪村の名作がここに残ったのである。傷みが激しいが、よく見ると部分的には的確に描かれている。

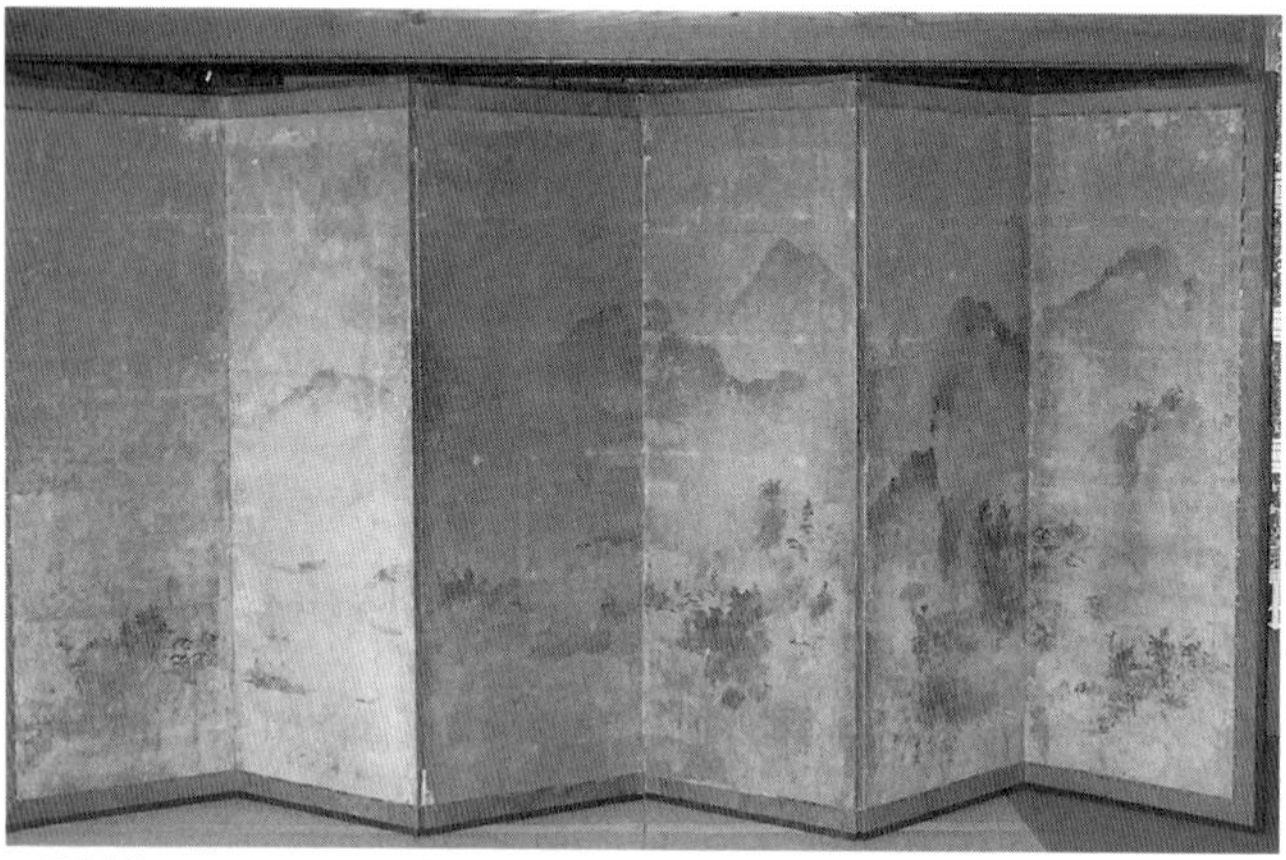
雪村作といわれる山水図屏風の右隻

雪村の絵は他に「遊魚図一幅」があるが、画面が暗く、雪村らしさに欠けているという。『新編会津風土記』には「鐘鬼図」「布袋画」の存在が記録されているが今はない。

雪村は一六世紀、常陸に生まれ、会津には二度訪れている。彼は雪舟に比してその人となりは不明な点が多い。しかし、その絵は一〇〇点ほどを残している。

さらに、寺には、雪村の系統をひく佐竹永海の小野小町栄華とその末路を九つの場面に分けて描かれている九想図《くそうず》がある。それには「文政十年丁亥五月十五日永海筆」とあり、この絵は金剛寺の現住の需《もと》めに応じて描いたとそのいわれなどが書かれたものも残っている。このように、この寺は、雪村周継や佐竹永海の貴重な絵が保存されている寺である。

佐竹永海による小野小町の絵

金剛寺は大治五年（一一三〇）に長宥法印が小田山の山麓に創建した寺である。室町時代に米代に移り、代々葦名氏の祈願寺であった。そして、蒲生氏郷の町割によって現在地に移転したのである。

若松の弥勒寺・観音寺・自在院とともに、元禄九年（一六九六）、三代藩主保科正容の時、会津真言四か寺の一つとして「触頭《ふれがしら》」の重要な位置をなしていた。現在も会津全域に広く末寺を持つ名刹である。

金剛寺には、国の重要文化財に指定されている「磬《けい》」が残っている。「磬」は法要の時に打ち鳴らす仏具である。「金銅双龍双鳥文磬」といい、肩幅五センチ、縁厚が〇・九センチで、表面は撞座を中央にして、左右対象に龍を鋳出して左端に「持佛堂磬」右に「正應六年〈一二九三〉十月日」とある。裏面は、撞座を中心に瑞鳥を左右に、左端に「阿佛」右に「大工伴貞吉」の銘がある。阿佛とは『十六夜日記』の作者の「阿佛尼」であろうと推測されているが、この寺に何故存在していたのかは不詳である。いずれにせよ、鎌倉時代の貴重な「磬」が残っているとは素晴らしい。

国指定重要文化財の金銅双龍双鳥文磬

金剛寺はもともと真言宗豊山派であり、一時、室生寺派となったが、現在は豊山派に戻っている。現住の山口修譽師は、副住職の史恭師と堂守の和江さん共々気さくな方で、多くの檀家から信頼されている。

東陽山　常徳寺（曹洞宗）

会津若松市北会津町

下小松の獅子舞に縁のある寺

小松の常徳寺は、小松の彼岸獅子に縁のある寺である。「この寺の香の煙は細けれど　天に上りてむら雲となる」。これは小松の獅子唄の一節である。

戊辰の役の時、山川隊の要請を受けて大竹重左衛門及び齋藤孫左衛門の協力を得て、小松彼岸獅子隊一一名が「通り囃子」を吹鼓して参加した。そのお陰で山川大蔵がこの獅子舞の一行とともに、あっけにとられていた敵軍の中を突き進んで西出丸北入り口から入城したという話は有名である。このため、明治四年（一八七一）二月十七日、松平容保よりこの功績を称えられ、大夫獅子と高張提灯に葵の御紋の使用を許されたのである。

小松の獅子舞の衣裳、道具類の全てはこの寺にて保管されている。春の彼岸にはこの常徳寺の本堂や境内で、舞の出て行く前日に必ず「足ぞろい」といって、舞うことが今でも続けられている。

下小松の集落には舘跡が三か所あったと、『新編会津風土記』などには出ている。村中に一つ、村東に一つ、村西に一つあったという。『会津古塁記』には「下小松村柵南北三〇間延文元年（一三五六）船木太郎光茂築く、後に伊勢九郎治光家勝住す。小松を家名とす。永禄年中（一五五八～

七〇）平田氏族居る」とあるが、この舘はどの舘を指しているのかわからない。延文（一三五六〜六一）の頃、葦名の家臣だった小松弾正包家《かねいえ》が築いたという。村中には五輪塔があったというが今はない。

寺の縁起によると、元久元年（一二〇四）松本源兵衛がこの舘に住み、諸民安穏のため京都の誓願寺より恵心僧都の作という阿弥陀三尊を請来して菩提所永泉寺に奉納した。しかし、葦名氏が滅んだため、寺も廃頽した。承応三年（一六五四）若松・恵倫寺の六世、萬国章呑大和尚がこの地に一宇を建立し再建したという。

本尊は木造阿弥陀如来坐像（像高五二センチ）で、脇侍は聖観音、勢至菩薩である。

本堂には、白磁の「花瓶」が一対飾られている。これは、会津本郷焼初期の貴重な磁器である。「天保四己七月吉日、御弓新町　佐藤次郎右衛門　会津郡下小松村常徳寺江納之者也」の銘がある。絵柄は中腹に、上り龍に下り藤の紋章、一方には下り龍に上り藤の紋章で、双方とも高さ・口経二四センチである。

下小松の獅子舞（前庭での「足ぞろい」）

本郷で初めて磁器が焼かれたのは、寛政十二年（一八〇〇）のことである。佐藤伊兵衛が肥前国の伊万里へ行って有田焼の秘法を学んで帰国し磁器の焼成に成功したのである。

この銘にある佐藤次郎右衛門はその弟子であり、御弓新田に住んでいた次郎右衛門ら有志六人が伊兵衛の教えを受け、ようやく本郷の磁器の製造が軌道に乗ってきた頃であった。

常徳寺本堂

そのとき、次郎右衛門はこの花瓶一対を菩提寺の常徳寺に奉納したのである。まだ染付けの点で、未熟なところもあるが、本郷の磁器の初期の作品としては貴重なものとして、会津若松市（旧北会津村）の文化財に指定されている。

山門を入ると、右側に寛延二年（一七四九）に建てられた、二十三夜供養塔の大きな石がある。墓域には地蔵尊や小さい宝筺印塔などが建てられてあるのが目に入る。

また、寺の軒下には、昔、大川の渡しに使われたという川舟（長さ一一・五メートル、底幅一・二メートル）が底を見せて、昔を偲ばせている。

益葉山　定林寺（曹洞宗）

会津坂下町字舘ノ内

有名書家の筆による墓石字に触れる

定林寺の墓石の字を見るのが好きだ。

この寺には会津坂下町の名のある商家の墓がある。どういうわけか、中には神道祭で祀られてある墓が目立つ。

しかも、その墓石字が有名な中村不折《ふせつ》の書いたもので、その味わいある字に惹かれる。これは、不折と知己であった、故高久学之助氏が特に依頼して書いてもらったものである。

墓域の西南に「高久家歴代之奥都城」と書かれた、幅三〇《センチ》、高さ二《メートル》ほどの墓柱がある。昭和九年（一九三四）九月十一日に建てられたもので、隷書風の達筆なものだ。

さらに、北東には、高久家の分家の故高久英夫氏の墓域に建ててある「父母如在」の中村不折の筆による四文字が一際目立つ。これは高久学一郎氏外三人の子息たちが、父源五郎と母とを偲んで昭和十三年（一九三八）四月五日に建てたものである。この二つの見事な不折の書による墓碑は、会津では唯一のものだろう。

寺院なのに、神道葬祭の高久家の奥都城がここにあるのは不思議だが、定林寺の先住と高久一族とが親しかったことや、土地を寺に寄進したことなどから高久家の墓域となったものと思われる。

また、墓域には日本芸術院会員の上條信山《しんざん》の書による故龍川清元会津短大教授家の墓があった。どういう理由で、この書がここに書かれたのかは定かではないが、恐らく龍川さんと信山との交流の中から生まれたものと思われる。

その他、地元会津坂下町で活躍して大きな影響を与えた、故荻野耕古氏の墓石字が散見される。

このように定林寺の墓域には有名書家による書が墓石字としてこれほど残っているのは会津では珍しいことである。書道に興味関心を持つ者にとっては見逃せない。

中村不折の筆による墓柱字

高久英夫家墓城の中村不折の書

一方、陶芸家として初めて昭和二十八年（一九五三）に文化勲章を授与された、板谷《いたや》波山《はざん》との関係の深い寺でもある。
波山の妻おまるはこの会津坂下町の出である。おまるの実家は坂下の呉服商であった。東京に出て裁縫とともに絵を学んでいたおまるが波山に見初められて結婚する。そして、波山を世に出すために積極的に力を注いだのである。
おまるの先祖はこの寺に代々葬られて

定林寺本堂

いる。父鈴木作平の墓もあり、しばしば墓参にこの定林寺を訪れている。そのとき、おまるは手土産に波山の作品を持ってきている。

この寺には高さ三八チセンの白に鳥や模様を彫った壺や香炉などが寺宝として残っている。特に、有名な紫陽花の花の花瓶は、おまるの実家の花をモデルにしたという。

波山とおまるの間には五男一女が生まれる。すべて花の名をつけている。このように板谷波山家とは非常に縁のある寺でもあり、町でもある。

益葉山定林寺はもと高寺三十三坊の一つだったが、建久四年（一一九三）に独立してこの地に移ったという。葦名の重臣、栗村弾正盛俊がこの地の笠松舘を築いた所である。坂下は水に恵まれなかった場所だったため、「栗村堰」と呼ぶ水利事業を達成したことは有名である。それを称え、毎年七月七日には墓前祭が行われている。

定林寺は、著名な芸術家の縁を偲ぶには絶好の寺でもある。

正覚山　光明寺（浄土宗）

会津坂下町字茶屋町

坂下の文化人の足跡をたどる

幕末の坂下の俳人、五十嵐茶三の墓がある。文化五年（一八〇八）新町の油屋に生まれる。名は清兵衛、高田の田中月歩に俳諧を学んだ。明治二年（一八六九）三月朔日に亡くなる。戒名は「秀成院翁譽栗園茶三居士」墓域南側の一画に五十嵐家墓地の西隅にある。

昭和五十三年（一九七八）六月に茶三翁百十年忌に、会津坂下町の文化財保存会によって句碑が建てられた。

　地に下り遠き巣に行く雲雀かな

という辞世の句が彫られている碑は山門内の西脇に高さ一五〇センチほどある大きなもので、その下には茶三の人となりが書かれている。

坂下の生んだ俳人、五十嵐茶三の墓

墓域の東側には、会津の生んだ版画家、齋藤清夫妻の墓がつつましく存在し、画伯を偲ぶ人たちの参詣が絶えない。そして、ここ光明寺を描いた齋藤清の会津の寺シリーズ作品も二点ある。他に地元の書家、荻野耕古の作品もある。

また、東京の「安藤昌益《しょうえき》と千住宿の関係を調べる会」という会の人たちが、近年ここを訪れ、会津藩士で画家の佐藤観山の墓がないかと調べに来た。墓はないが、過去帳を見てみると、明治二巳年に「誠意軒　源譽法橋観山居士正月二日　新丁勘兵衛伯父」と明記されていた。観山の名がこの光明寺の過去帳にあるということは、坂下に何らかの縁があったと思われる。

佐藤観山は、『会津人物事典画人編』（坂井正喜、歴史春秋社）によれば、京都に上り四条派の画風を学んだ。藩老、簗瀬三左衛門に杉戸に桜花を描くように命じられたが、出来上がった絵は、桜樹の下に配した岩石が描かれ、遠くから眺めるとあたかも巨大な蛙がうずくまるさまを思わせるようで、人々は絶賛した。

ところが、三左衛門は蛇と蛙が大嫌いであったので描き改めるように言ったが、観山は「蛙を恐れるなんぞ武将たるを得んや」と言って其性剛直にして聞き入れなかったという。

このように、この寺は坂下の有力な町人たちが盛り立てた寺で、特に文化・芸術に縁の深い寺でもある。

そして、坂下の光明寺といえば、町の重要文化財になっている楼門が一際目立つ。入母屋造、重層楼門の四脚門の形式をとっている。田島の南泉寺の山門によく似ているが、茅葺の素朴な門に対して、こちらの方は造りが立派である。

本堂は寄棟造で内陣の天井や来迎壁などには極彩色の紋様が描かれ、江戸期浄土の様式を表している。本尊は阿弥陀如来で像高九三センチで、最近注目されている阿弥陀如来立像である。

光明寺の風格ある楼門

本尊・阿弥陀如来立像

以前、新発田市の松岡氏が解体調査したところによると、本体の部分は平安末期の手法の名残があって、この一本割矧造《わりはぎづくり》の様式は今後注目に値する仏像だという。宝永二乙酉年（一七〇五）六月の修復の銘が書かれている。

伝承によれば、開山僧が浜通りからこの阿弥陀像を背負ってきたという。したがって本尊は開山の頃に造立されたとしていたが、この像が平安末期の作とすれば、「背負って持ってきた」という伝承は満更不思議でもなくなる。さすれば、この阿弥陀如来立像が脚光を浴びるのもそう遠くないだろう。

そういわれてみると、この阿弥陀像の玉顔は誠に良いお顔をしていらっしゃる。檀家の人たちもそれは認めているようだ。

坂下の町の文化人の足跡をたどりながらこの光明寺を訪れ、住職の穏やかな説明を拝聴するのも一興である。

牛伏山　仁王寺（天台宗）

会津美里町吉田

疫病平癒を祈願して建てた薬師堂

尾岐地区の仁王寺《にんのおじ》を訪れると、爽やかな風が本堂の周囲にある竹林にそよぐ。その風音は静寂とも幽玄とも言えるような膚に沁みこむ風だ。その竹林の向こうに本堂が見え隠れする。大同以後、最盛期には三〇〇余の坊舎があって、この寺は小本山の格を備えていたという。また、天皇や、葦名氏の祈願所としても名高かった。

ところが、明暦三年（一六五七）の火災によってこの寺の大伽藍は失われてしまった。しかし、その面影は薬師堂や、本堂の板戸の描かれている絵に留められている。

疫病流行のため命をなくす人が非常に多かったため、恵日寺を開いた徳一が大同二年（八〇七）にこの地に薬師如来立像を祀り、民の平癒を祈願して建てたのが、この仁王

山門から本堂の玄関を望む

寺の始まりという。

建立にあたって、寺の建築材料を運んだ牛が疲れた身体を横たへて、石と化したという伝説を残している。現在、本堂の前に、牛が石と化したという大きな石が残っている。

仁王寺の境内は、南北に横長になっている。現在は北の方から入るようになっているが、昔は南の作場道の方から上って入るようにできていた。その参道は二本あり、一つは本堂への階段を上り、もう一つはその東側にある薬師堂への参道を上る。今でも並んで残っている。

本堂へは、山門があり、薬師堂へは門柱がある。その中間部には鐘楼堂が建てられてある。この鐘楼堂は二層（二階建）になっているが、一階の部分は土台が三〇チセンほどあって、その上は板壁で囲われている。二階は一二本の柱で支えられている。

鐘は昭和十七年（一九四二）に供出させられたので、今はない。住職の高宮良延さんは「今は崩れると危険なので、上には上がることもできません。修復しなければ、とは思っているのですが……」と言う。

昔、撮影された薬師如来立像の写真。
薬師堂の中に掲げられてある

薬師堂の前はきれいに整備された広場になっている。薬師信仰の色濃く残る寺で、この堂の存在は大きいことがわかる。したがって、堂内には、病気平癒のために奉納されたものも多い。

絵馬「象と童子」は、子どもが健やかに育つように納められたものである。「鶏の図」は、子どもの夜泣きを封じるために奉納されたものである。「弁慶と牛若丸」の武者絵は、子どもが強く育つように、生まれた時に寄進されたものである。このようにこの薬師尊は、眼病・瘡・腫れ物などの御利益があると言われている。

ところが、この薬師像を見たものがいない。それは、厨子の中にあって、桂の一本彫で非常にすぐれたものといわれているが、秘仏なので、世代一回の御開帳と言われ、住職の代替りの時以外には厨子の扉は堅く閉じられており、残念ながら何人も拝観できない。

襖絵の「極楽絵図」

本尊は、大日如来坐像で、像高約五〇㌢、厨子の中に安置されている。本堂の襖絵は向かって左に「地獄絵図」、右側には「極楽絵図」が極彩色で描かれている。この絵は梅秀という仏画師の筆といわれ、天保十二年（一八四一）に隣村の魚淵《うおぶち》の檀家に与えられたもので、それを当寺に寄進され、汚れもなく保存されているのである。そして、それを用いて法話を行っていたという。

なお、会津三十三観音の二十七番札所の大岩観音は、当寺の眷属仏堂である。

白鳳山　圓通寺（浄土宗）

会津美里町字本郷

馬と本郷焼に縁のある寺

本郷の圓通寺は、馬に縁のある寺である。

参道の入口の石灯篭には「奉納厩嶽」（元治元年〈一八六四〉）とある。さらに、本堂には「木造馬頭観音坐像」が安置されてある。

この馬頭観音は、昔この地方が凶作に見舞われた時、種子にも困り果て、隣村の上荒井村ではこの馬頭観音と稲の種子とを本郷村と交換してこの寺に移したという。

そこで、旧暦四月八日には、観音山の山頂にあった観音堂でお祭りが行われたが、このとき観音さまを大勢で担いで上り下りするのが習わしであった。ところが、この観音さまは元あった所から上荒井村の者たちで担がないと動かなかったという話が伝わっている。

この像は一本造《いちぼくづくり》、三面六臂、高さ一五チセンの小型ではあるが、形や彫りは立派で、会津美里町の町指定重要文化

木造馬頭観音坐像

財となっている。

　また、「絵画絵馬狩野法眼画」（町指定重要文化財）という馬の掛け軸が残っている。この絵は室町幕府の御用絵師の狩野正信の長男、元信の作といわれている。これも、元は上荒井村の所有だったが、本郷村で譲り受けて当寺に置かれるようになったと伝えられている。

　この絵の馬が夜な夜な抜け出して本堂の辺りで笹の葉を食べていたということがあった。そこで、この絵に杭と綱とを加筆してつなぎ馬としたところ、絵から抜け出すことがなくなったという伝説の馬である。縦八五センチ、横九〇センチ。

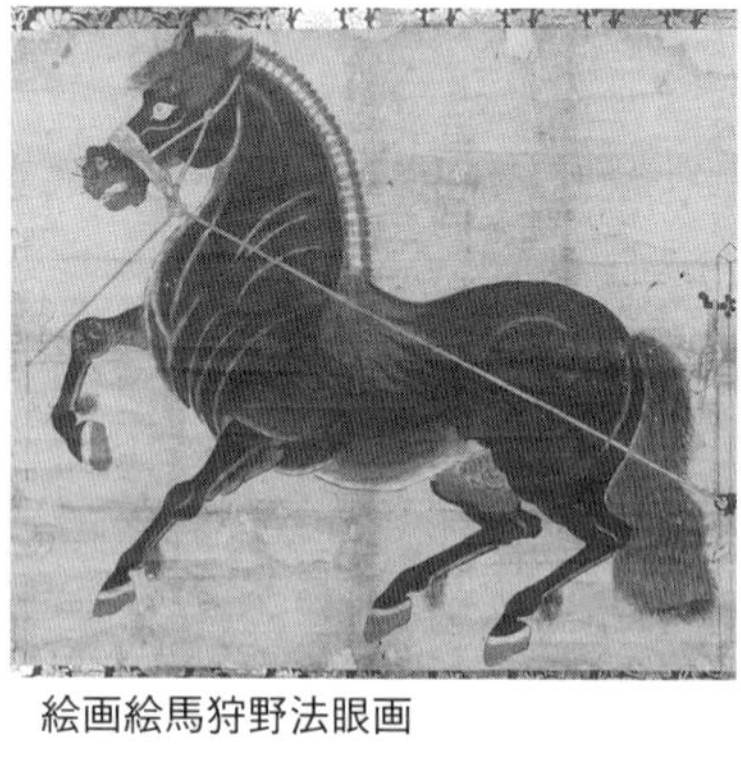
絵画絵馬狩野法眼画

　さらに、昭和の初め頃までは、大内村から炭を馬に載せて本郷まで来て物品交換をしていた。そこで、本郷村では農耕時に馬が不足すると、大内村から借用していたという。このように、この圓通寺は馬に縁のある寺としていろいろな話が伝わっている。
　また、本郷は焼き物の里としても有名である。この圓通寺にも本郷焼にふさわしい話が残っている。その一つとして「染付圓通寺銘釘隠」の保存に関する話である。この陶板は、縦八・三センチ、横六・六センチで、白磁に呉須で「白鳳山」「喜福院」「圓通寺」の三枚が残っている。「喜福院」の裏には「文化十三年子五月廿四日静誉」と墨書されている。静誉は二四世住持のことである。
　平成六年（一九九四）に新本堂建築の際、古い本堂を解体した。そのとき、釘を打ったところを隠すための「釘隠」にした白磁の陶板があった。この陶板はおそらくこのためにわざわざ作ったものと思われる。解体の時には十数枚ほどあったらしいが、この三枚の他は壊してしまったという。後になって、この陶板の裏には墨書で「文化十三年」と記されてあることから、これが本郷焼の歴史に関わる重要な資料となって、町の重要文化財に指定されることになった。

本郷焼の白磁の完成がいつからだったか、今まではっきりしなかった。それが、この「釘隠」の陶板の白磁の裏書に「文化十三年」とあったことにより、これ以前の記録がないため、文化十三年（一八一六）には本郷の白磁の完成が行われていたことを証明する資料として、貴重なものだとわかり、今では大切に当寺に保管されている。

さらに、当寺には「天保二年四月　杉野好楽八十三歳」と記されている「福禄寿」の焼き物がある。非常にユーモラスな造形で目を引く。

また、江戸末期の作という《鉄釉花活》の花器がある。「渡辺政綱　七月二十三日進上」と記してある。このように本郷焼にも非常に縁のある寺でもある。

本郷焼の白磁の起源を物語る陶板（釘隠）

圓通寺は永禄元年（一五五八）学心和尚の開基という。本尊は木造阿弥陀如来坐像で脇侍は観音・勢至の二基である。会津三十三観音札所の第二十三番高倉観音が、隣村、大八郷の山の中腹にある。圓通寺が別当札所になっており、毎年八月九日の四万八千日には御開帳される。

圓通寺は、旧本郷の古い宿駅にあって、馬と焼き物に縁のある寺である。

鷲嶺山　松音寺（真言宗）

北塩原村北山

漆村と薬師堂に育てられた寺

北塩原の漆の集落の入口はいずれも狭い。というのは村の中の道は幅の広い直線の道が三〇〇《メートル》ほど続く。村はずれになると急に道幅が狭くなる。不思議に思って歩いて行く。すると、国道に出て右に約七〇《メートル》ほど進むと左手に北山薬師堂の看板が見える。左手にある道を真っ直ぐ進むと、平成二十八年（二〇一七）に北塩原村で唯一日本遺産に認定されている北山薬師堂にたどり着く。村の中は北山薬師堂の門前町を形成しているのであった。

この門前道路の突き当たりまで進むと白壁の蔵の上部に「薬」という字が鮮やかに見える。ここはお薬師さまを守って保管していた蔵だという。昔はこの門前通りには宿屋やお休所が多くあった。山形屋とか、米沢屋などの屋号が付けられていた。このようにここ漆の村は薬師堂詣で繁盛したのだ。今はひっそりとしているが、所々に昔の繁盛の面影を留めている。

この薬師堂の祭礼「二つ児参り」は、九月の第二土曜日を含めた前後の三日間で行われている。この期間には会津はもちろん近県からも多くの二つ児が両親や祖父母に背負われて訪れる。盛時には喜多方の町はずれから延々と続いていたという。

この薬師さまは、古くは大正寺が別当職であったが、現在は、北山・谷地の二地区の管理で松音寺が別当として祭を施行するようになった。寺は三日三晩お籠りをする。祈祷は護摩を焚いて加持をしたその火を二つ児の身体に与えられる。そして、お守り、腹掛けと紅白の餅（御護符餅）を頂いてくるのである。

北山薬師二つ児参り
母と祖母に見守られ護摩の炎を受ける

慶長年中（一五九六〜一六一五）、会津の領主、蒲生秀行の信仰が厚かった。我が子、亀千代（後の忠郷）は体が弱かったので、二歳の時、この薬師さまに参詣して帰りに傍にあった大きな石にその子を抱きつかせたところ霊験が顕われ、それ以後丈夫に育ったという話が言い伝えられている。

今でも、この大石に二つ児の腹を当てて無事と成長を祈願して、その御利益に授かろうとしている姿がよくみられる。この石は「腹打石」と称される。ただし、数え歳二つでないと御利益がないといわれている。

松音寺は寺の入口はわかりにくいが、川の向こう側に山門が見えるので小道をコンクリートの立派な本堂に着く。元の本堂は昭和三十七年（一九六二）に落雷のため焼失してしまった。そこで苦心して、先々代の賢修さんが建てたものである。賢修さんは北山村の村長だった大竹作兵衛氏のたっての要請でこの寺にやってきた人望の厚い僧だった。

本尊は釈迦如来立像で行基の作というがわからない。一六五㌢の等身大のもので、この辺では珍しい。他に木造地蔵菩薩立像（六五㌢）も安置されている。また、真っ黒に焼けた薬師如来立像が大切に保管されている。墓域には、福島県知事を勤めた大竹作摩夫妻の立派な墓が建てられてある。

松音寺は永禄二年（一五五九）宥範という僧の開基という。綱取城主、松本勘解由左衛門宗輔の「松」の字をとって寺名が付けられたという。明治になってしばらくこの寺が小学校となっていた。

この寺は北山の薬師さまとの縁が深い。有名で裕福なこの薬師堂は紛争が絶えなかった。ここは漆・谷地・土谷の三集落の山村の共有地であった。蒲生の頃、若松の弘真院が管理し祭礼を行っていたが、漆村との紛争が絶えず、大正三年（一九一四）には遂に裁判沙汰になり漆村が勝った。

松音寺には北山薬師堂に関する協定書が残っている。

日用山　福生寺（天台宗）

会津美里町冨川字冨岡

一度は拝んでみたい巨像の観音さま

福生寺の四万八千日祭は例年八月九日である。この日に参詣すると、四万八千日お参りしたと同じ功徳があるといって観音さまを参拝する風習が長く続いている。普通、四万六千日とか千日詣とか言ってはいるが、この地方では四万八千日としている所が多い。

ここの観音像は、会津三十三観音の二六番目の札所として昔から厚く信仰されている。木造十一面観音菩薩坐像は像高が二二〇・七センチもあって、会津三十三観音の中でも最も巨像で、昔からその大きな観音さまの魅力は人々を惹きつけている。一年に一回の御開帳が、八月九日の四万八千日の夕方に行われ、多くの参拝者がやってくる。

この木造十一面観音菩薩坐像は寄木造

会津三十三観音の中で最も巨像の木造十一面観音菩薩坐像

で、漆が塗ってあったが、今は顔だけに黒い漆の面影が残っている。彫りは深くはないが、でっぷりとしていて、頭上の小面の九面と頂上の阿弥陀の化仏は現在修理され、きれいになっている。

観音像の由来には、この化仏に関したことが伝承されている。それは、平安時代に冨岡の集落の北方に大口大領信満《おおぐちだいりょうのぶみつ》という地頭がいたという。妻を早く亡くしたため、その供養に岐阜県谷汲山華厳寺に行き七寸の観音像を彫ってもらう。ところが、驚くことに一〇倍の七尺の大きな観音像となって谷汲の地から動かなくなってしまったのである。

そこで、華厳寺で祀ったが、後、この頂上仏と十面の観音だけを持って会津に帰ってくる。そして、体の部分を彫らせるが、大領は完成を見ずして弘仁五年（八一四）に七三歳で没してしまった。後に、円仁（慈覚大師）がやってきて願いを叶えさせたという。

そういえば、この観音像の頂上仏の十面は体部とは異なり、本体とちぐはぐに感じるから不思議だ。町の重要文化財に指定されている。谷汲山華厳寺とこの福生寺とは古くから深い関係を結んでいた。

このように由緒のある観音像は大きな厨子の中に納められてある。そして、その材には刺楸《せんのき》が用いてあるので、集落の人々はこの木を絶対に生活には用いなかった。昔は祭日（七月十六日）には会津全域から参詣者が集まった。「富」と「福」という名が縁起が良いと、商人たちはこぞって参拝し賑わった。

観音堂は慶長十年（一六〇五）の建立と墨書してある。方三間、向背があり、室町時代後期の造作で、国指定重要文化財となっている。

「一千年供養碑」の石碑と大口大領の妻の墓といわれる五輪塔

国指定重要文化財の福生寺観音堂

福生寺は古くは妙福寺と称していたが、荒廃し慶長十年に寺と観音堂を舜亮という僧が再興した。そのとき、寺名を福生寺と改めた。本尊は阿弥陀如来、寺の本堂は集会所となっているが、そこには若干の仏像と絵馬などが保存されている。

なお、境内には、寛政五年（一七九三）三月十七日に冨岡の福田常蔵が建てた大口大領の「一千年供養碑」の石碑がある。高さ一五〇センチほどの楕円形をした石碑で、そこには「谷汲山観世音菩薩一体分身之尊像也」とある。その脇には大領の妻の墓という五輪塔があるが、これは他所から移動させたものだろう。なお、末裔は谷汲の華厳寺の山門の前で冨岡屋という和食処を営んでいるという。

山門の西脇には冨岡の文人で、加賀山蕭山の門に学んだ高島壽雪の大きな彰徳碑が建てられてある。これは、伊佐須美神社宮司、松平健雄の彰徳碑の書、佐藤高山の撰文、書によるものである。

また、長く無住の寺だったので、高田・龍興寺の末寺の関係からか、天海大僧正が若い時、この観音菩薩像の前で読経した日々があったという話も伝わっている。一度拝んでみたい観音さまである。

陬波山　龍華院　弥勒寺（真言宗・豊山派）

会津若松市大町

斗南藩士、廣澤家の菩提寺

弥勒寺は境内、東西四二間、南北三二間半と記録にあるが、不思議なことに、寺の敷地は場所、広さともにそっくり同じという珍しい寺である。まさに、江戸期の絵図面と比べても同じだという。建物は変わっているが、土地は変わらない。これは歴代の住持の几帳面さの表れであろう。

応永三十二年（一四二五）、秀哉の開山。諏訪神社の社僧だったので字を変えて山号とした。芦名盛政、秀哉にいたく帰依し、「寺領百石」「大般若経六百巻」「十六善押一軸」を寄進したという。

延享元年（一七四四）の六日町大火による類焼、安永二年（一七七三）の大火により、寺の建造物、寺宝、古文書類がことごとく焼けた。現在の本堂は昭和二年（一九二七）に再建されたものである。

古くから残るものとしては、享保二年（一七一七）の銘のある木造「釈迦涅槃像」は江戸時代のもので、世に広まっているものである。また、銅造りの「懸仏」など貴重なものが残っている。

さらに、ここにあるこの木版の「大般若経六百巻」が有名である。この経を入れて置く木箱に太いヒモがついている連尺が備えてあり、災害時には誰でもすぐにいつでも背負って運び出せるようになっている。西軍が乱入した時、この大般若経の入った箱を見て、宝物の入った箱と勘違いし、

弥勒寺本堂

馬に積んで道場小路の通りまで運んできた。その馬の背にある木箱を寺の檀家の者が見て、寺に知らせたところ、皆で追いかけて「これは宝物ではありません。ただのお経です。罰が当たるので返してほしい」と懇願した。そこで西軍の兵が中身を調べたところ、まさに、大般若経だったのでようやく返してくれたという逸話が伝わっている。このお経は、塗りの箱に十巻ずつ十箱（百巻）、重さは二五キロもある。今ではこの寺に因縁深いものとして、その霊験あらたかなお経として、現在まで多くの人々に拝観されているという。

大町の墓地整理により古い墓はなくなっているが、ここには廣澤家の墓がある。廣澤家は高遠以来の由緒ある家柄で、安任は若くして日新館の秀才で、後に江戸の官校、昌平黌の会長にも選ばれ、実行力に富み公武合体、開国を主張し会津藩の外交を司どる。イギリスの公使、アーネスト・サトウをして「日本にとって得難い人物」と言わしめたほどの人物だった。戊辰後、斗南の荒れ地で開墾に従事したが、苦渋をなめる。

時の明治政府は、この会津の逸材を利用したいと、再三再四入閣することをさそったが、「亡国の臣、野に下る事」を旨とした。明治四年（一八七一）から斗南の地で西欧式の本格的な牧畜の経営に乗り出し、青森県の経済発展に大きな功績を残した。今もその子孫が墓参に訪れるそうである。

福衆山　万蔵寺　自在院（真言宗・豊山派）

会津若松市相生町

兼載と古渓に縁ある寺

花ぞ散りかからむとての色香かな

これは、この寺の門前に建てられた、猪苗代兼載の句碑である。「福衆山自在院花の下兼載ノ事跡アリ　昭和九年七月十五日　柏木香久」とある。

兼載は六歳になると、この自在院の佛賢和尚のもとで仏門に入る。その頃、兼載は近所の諏訪神社の連歌所を度々訪れていた。丁度そのとき、連歌師の心敬が応仁の乱を避けて、会津の金剛寺の興俊の所に身を寄せていた。この心敬に師事できたことは彼にとっては、僥倖であった。

その出会いの場が、この自在院であった。その後、二三歳の時に、都に登る。三五歳の時に静子姫と接し、八年後、この静子姫が兼載の妻となっているという言い伝えがある。（『兼載年譜』）この静子姫は、一説によると、帝の姫というが、この女性については伝説に過ぎず、はっきりとはわからない。三九歳の時、京の北野会所の奉行になりその名を高めた。

文禄元年（一五九二）に、自在院は諏訪神社の近くから現在の相生町に移っている。開基の僧は、

自在院本堂

長巌というが、この僧についても詳細はよくわからない。その頃の本尊は、十一面観音であったが、二代藩主保科正経の時、江戸に移された後江戸の護国院の末寺となり、現在は、奈良の長谷寺が本山となっている。

なお、この寺は三代藩主保科正容の時、金剛寺、観音寺、弥勒寺ともに、会津の真言四か寺となり、この自在院は末寺十九か寺を持つ中山格の古寺としての役割を果たしてきた。

この自在院には、会津藩の秀才、高橋誠三郎（古渓）の墓がある。天保二年（一八三一）会津藩の下級武士として生まれた古渓は一二歳で漢籍をスラスラと読む秀才だった。昌平黌で十年学び、舎長にもおされて、会津の秀才とも言われていた。しかし、残念なことに、古渓（誠三郎）は文久元年（一八六一）六月十一日、三一歳の若さで肺を病んで亡くなる。

この会津の秀才高橋古渓の墓石は、「髙橋宗彰之墓」として、この自在院墓地の入口（本堂右）に建てられている。戒名は「學成院量吽宗彰居士」で、過去帳には「古渓」の法号が記載されている。

なお、自在院の覚範は町廻り三十三観音札所を選んだが、この自在院は、クジ引きをひいて、十九番の札所となった。その御詠歌は、「栴檀《せんだん》のみそぎの仏いまここに自由自在に拜むうれしさ」とある。

この寺には、享保三年（一七一八）に建てられた経蔵がある。

あとがきにかえて　―私と会津の寺―

会津には、奈良や京都、鎌倉のような大規模な寺はない。しかし、地方の寺々にはその地方独自の歴史や文化、信仰が色濃く含まれているはずだ。会津の歴史・文化も会津の寺を抜きには語れない。会津でも特異な風土の中で培われた素朴で親しみやすい寺々がそこかしこに散在しているのである。会津の寺々を数多く訪れ、関わりを持ったことから会津の歴史や文化に興味関心を覚えるようになった。

会津の寺々を巡って六十年ほどになる。共著『会津の寺―会津若松市・北会津村の寺々』（昭和六十一年歴史春秋社刊）の取材で昭和五十年代より会津の寺々を訪れたのが始まりであった。その後、会津の寺々を訪れる機会が多く、会津の寺をほとんど巡り、『会津の寺―耶麻・河沼・大沼・南会津』（編著）、『ふくしまの文化財―会津編』『会津のお寺さん』など、寺に関する書を出してきた。

会津の歴史や文化を理解するには、会津の寺社をまず訪ねることから始めるべきだ、という持論から私の会津古寺巡礼が始まった。特に、会津の寺は戊辰戦争を抜きには語れない。いずれの寺々を巡ってもその傷跡が予想以上に深く浸み込んでいる。

時が経ち平成二十年（二〇〇八）、会津吟社の機関紙『會津』にエッセイ風に「寺社訪問記」を連載してほしいとの要請があった。そこで、三十数年前に出した『会津の寺』の後、再訪してみたい欲望もあって、会津の古寺再訪問を試みた。それは平成二十二年（二〇一〇）のことであった。残念なことに諸事情があって、平成二十六年三月号で終刊となってしまった。

そこで、俳誌『會津』に載せた中から主な古寺を選び、さらに『会津人群像』29号～31号に古寺巡礼について書いたものを基にして『わたしの会津古寺巡礼』を書いた。そして、これを会津の寺の拙者の訪問記のまとめにしようとしたのである。

ただ、気がかりなのは、有名な寺を二三どうしても再訪できなかったことである。だから残念ながら割愛せざるを得なかった。ただ「わたしの」と強いて冠をかぶせて題した通り、あくまでわたし好みの古寺巡りだと理解していただければ幸甚である。

なお、「会津三十三所観音巡礼」が会津の古寺巡りの土台となっていると思われるため、「会津の三十三観音巡り」についても若干触れてみた。

前回発刊した時に、誤記の指摘があり、すぐに訂正すべきとの思いがありましたが、いろいろな事情もあって、多忙にまかせてその機会がありませんでした。そこで、再版の声もありましたし、小生も九十の坂を越えましたことを契機に、その誤りを直して、「執筆の最後としたい」との思いから今回「改定新版」として出すことにしました。いろいろご批判もあろうかと存じますが、目を通していただけたら、幸甚です。

令和六年八月

笹川壽夫

わたしの会津古寺巡礼 改定新版　寺院索引

笹川壽夫の本

会津の寺

会津若松市・北会津村の寺々

笹川壽夫・滝沢洋之・間島勲・野口信一 共著

信仰の里〝会津〟に存在する寺々を、歴史や伝説を織り交ぜながら、写真をふんだんに盛り込み分かりやすく紹介。歴史の研究に、ぶらりと散策に最適！

在庫なし

2,619円

会津の寺

耶麻・河沼・大沼・南会津の寺々

会津地区の郡部の寺を廃寺を含め約二〇〇寺を取り上げ、写真と各寺の縁起・寺伝などを纏めた一冊。第2弾。

3,666円

【改訂新版】

会津のお寺さん

会津地方の30数ヶ寺を紹介した、寺巡りに最適なガイドブック。付録として会津三十三観音御詠歌も紹介。

1,047円

歴春ブックレット12

会津のお寺さん

寺には会津の歴史がある。心静かな一時を求め散策すると、そこに新しい発見がある。そんなガイドに最適な一冊。

在庫なし

534円

歴春ブックレット14

会津の神社

会津近辺にある神社24社を来歴、名物行事、建築、お土産、写真などから紹介する。困った時の神頼み。勝手な人間の様々な願い事。神様はどこまで……。

在庫なし

535円

わかりやすい
会津の歴史
幕末・会津編
鈴木荘一・笹川壽夫共著

激動の幕末から戊辰戦争、迫りくる近代化の波、高まる軍国化、そして現代へ。知りたかった会津の歴史や文化を写真を交え、わかりやすくまとめた。

在庫なし
1,650円

【改訂新版】幕末から明治に生きた
会津女性の物語
大石邦子・小桧山六郎・笹川壽夫・鶴賀イチ・間島勲・三角美冬共著

幕末から明治を駆け抜けた、井深八重、おけい、中野竹子、瓜生岩子、大山捨松、メリーロレッタ（ダージス・ノグチ）、海老名リン、山川二葉、新島八重ら9人の女性の生涯を描く。

1,650円

会津人の誇り
前田新・笹川壽夫・庄司裕・三角美冬共著

会津の歴史を紐解くと見えてくる「会津人の誇り」。歴史に生きた先人たちの生き様から、現代に通じる精神を再発見！会津人の原点がここにある！

在庫なし
1,540円

会津の文人たち

会津の文化は仏教から始まり、江戸には儒学、和学、医学や、明治には教育など多岐にわたる。「文」の場で活躍した人物を「文人」と呼び、偉業やエピソードなどを列伝として紹介。

2,750円

会津こぼれ話
―伝えておきたい会津の話

戊辰戦争、鶴ヶ城、文化、人物伝など、会津にまつわる様々な〝こぼれ話〟を詰め込んだ、会津愛あふれる一冊。

在庫なし
1,980円

大正時代
会津の事件簿

『會津日報』の新聞記事を基に、大正時代に会津で起きた事件や世相について綴った一冊。

在庫なし
1,650円

著者略歴

笹川壽夫（ささがわ・としお）

昭和８年（1933）会津美里町生まれ。

國學院大学文学部卒業。

会津の各高校に勤務。

会津女子高校教頭を最後に退職。

現在会津史学会理事、会津高田郷土史研究会会長。

主な著書に『会津の文化会津の文人を追い求めて』『歴春ふくしま文庫㊽ふくしまの地名を拾う』『改訂新版会津のお寺さん』『歴春ブックレット12会津のお寺さん』など。

他に編者として『会津の寺会津若松市・北会津村の寺々』『会津の寺耶麻・河沼・大沼・南会津の寺々』『新版 会津の峠上下』『ふくしまの文化財（会津編）』などがある。（全て歴史春秋社）

表紙資料　『会津三十三所順礼記』国分丈助
裏表紙写真　龍興寺本堂

わたしの会津古寺巡礼　改定新版

平成二十八年八月十三日　第一刷発行
令和　六年九月三十日　第三刷改定

著　者　笹川　壽夫
発行者　阿部　隆一
発行所　歴史春秋出版株式会社
〒九六五－〇八四二
会津若松市門田町中野大道東八－一
電話〇二四二－二六－六五六七
印　刷　北日本印刷株式会社